北大版对外汉语教材·专业汉语教程系列

专业基础医学汉语

解剖与组胚篇

主编 莫秀英 邓淑兰

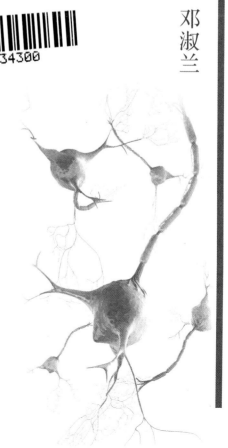

北京大学出版社
PEKING UNIVERSITY PRESS

图书在版编目(CIP)数据

专业基础医学汉语·解剖与组胚篇/莫秀英,邓淑兰主编.—北京:北京大学出版社,2017.3
(北大版对外汉语教材·专业汉语教程系列)
ISBN 978-7-301-28179-6

Ⅰ.①专… Ⅱ.①莫… ②邓… Ⅲ.①人体解剖学–汉语–对外汉语教学–教材 ②人体组织学–汉语–对外汉语教学–教材 ③人体胚胎学–汉语–对外汉语教学–教材 Ⅳ.①H195.4

中国版本图书馆CIP数据核字(2017)第047429号

书　　　名	专业基础医学汉语·解剖与组胚篇 ZHUANYE JICHU YIXUE HANYU·JIEPOU YU ZUPEI PIAN
著作责任者	莫秀英　邓淑兰　主编
责任编辑	贾鸿杰
标准书号	ISBN 978-7-301-28179-6
出版发行	北京大学出版社
地　　　址	北京市海淀区成府路205号　100871
网　　　址	http://www.pup.cn　新浪微博:@北京大学出版社
电子信箱	jiahongjie2004@126.com
电　　　话	邮购部 62752015　发行部 62750672　编辑部 62752028
印　刷　者	三河市博文印刷有限公司
经　销　者	新华书店 787毫米×1092毫米　16开本　11.25印张　216千字 2017年3月第1版　2017年3月第1次印刷
定　　　价	45.00元

未经许可,不得以任何方式复制或抄袭本书之部分或全部内容。
版权所有,侵权必究
举报电话:010-62752024　电子信箱:fd@pup.pku.edu.cn
图书如有印装质量问题,请与出版部联系,电话:010-62756370

编写说明

《专业基础医学汉语·解剖与组胚篇》是供来华攻读临床医学专业一年级留学生学习医学汉语的专业必修课教材。使用对象为学习过基础汉语，HSK成绩达到四级或以上，并已在中国学习了一个学期的医学专业课程和医学汉语课程的留学生。该类留学生与中国学生同堂学习医学专业课程，教师授课语言和教材均使用中文，而他们的汉语水平还不能完全适应中文授课的专业课学习，因此，医学院校为其开设了专业基础医学汉语课程，以帮助他们从听、说、读、写等方面提高专业汉语水平，扫除专业学习上的语言障碍，从而能听懂专业课，看懂专业书并提高专业写作能力。

基于学习者的特殊性和课程设置的目的，本教材的编写更注重针对性、专业性和实用性原则。针对学习对象的特殊学习需求，课文主要选自医学专业一年级开设的"解剖学"和"组织学与胚胎学"配套教材原文。课文编写时选取了相关专业课程的重要知识点，并对相关内容进行了整合，各课内容的编排顺序与专业教材的章节顺序基本一致。

全书共十七课，每课容量约为3课时。每课由生词、课文、图例、注释和练习组成。

生词以课文中出现的医学专业词汇和普通词汇为主，每课约50—65个。为方便学生学习，各课生词表将生词分为普通词语和专业词语两大类，其中普通词语为HSK五级及以上的词语，专业词语均为基础医学教材的专业常用语，基本为超纲词。普通词语根据不同情况，采用英文释义、汉语释义、英汉双语释义或图形释义等多种形式，大部分还列有词语搭配。专业词语均采用英文释义。基于课程设置的目的，本教材各课的生词均出自医学专业教材原文，没有刻意控制；普通词语和专业词语的比例也由原文呈现的词语而定，没有刻意调整。

课文除第一课因主要介绍人体各个部位的名称、解剖学姿势和方位术语而不足700字以外，其余各课长度基本控制在760—800字。

图例展示的是本课的重点和难点内容，意在帮助学生理解和掌握课文内容，每课配有1—4个图例。

注释主要为课文中没有解释说明的专业术语和通用汉语中的书面表达句式及词语。注释的条目根据课文的具体内容而定，不进行刻意编排。

练习主要为与课文内容相应的阅读、听力和专业写作的训练。练习题型分常设题型和非常设题型。常设题型有听与读、解释画线词语的意思、根据课文内容填空、根据课文内容回答问题、课堂活动等；非常设题型根据课文内容的特点和重点难点来设置，包括根据词语画出对应的形状、根据课文内容填表或填图、写出与单音节词语意思相同的双音节词语、词语连线、写出与书面语意思相同的口语、写反义词、根据课文内容把语素或词语组成术语、用汉语的固定结构解释指定的术语、写出课文各段的主要内容、名词解释等等。

　　教材最后有两个附录，一是部分练习的参考答案，二是生词总表，包括生词、拼音和课序。为方便学生查找，生词总表不划分普通词语和专业词语。

　　本教材的课文参考了国内通行的多种解剖学和组织学与胚胎学专业教材，在此特向相关教材的编者表示衷心的感谢。本教材的顺利完成，还得到了北京大学出版社及贾鸿杰编辑的大力支持和帮助，在此表示由衷的感谢。

　　本教材2011年开始已在中山大学医学院试用多年，并根据学生反馈的意见及宋晓婷硕士论文的一些建议进行了修改，在此一并致谢。

　　因编写专业医学汉语教材可资借鉴的资料有限，本教材错漏之处在所难免。敬请同行和使用者批评指正。

编者

2016年12月于广州康乐园

zhuzimxy@163.com，dengshl@mail.sysu.edu.cn

目 录

第 一 课	人体部位名称、解剖学姿势和方位术语	1
第 二 课	被覆上皮	8
第 三 课	骨和骨组织	16
第 四 课	心血管系统	24
第 五 课	神经元和中枢神经系统	32
第 六 课	眼球的结构	40
第 七 课	免疫系统和淋巴细胞	48
第 八 课	消化管	57
第 九 课	肾和肾小管	67
第 十 课	精子的发生和形成	76
第十一课	卵巢和卵泡的发育成熟过程	85
第十二课	卵裂和胚泡、胚层形成	94
第十三课	颜面的发生	104
第十四课	泌尿系统的发生	113
第十五课	心脏的发生	123
第十六课	心血管系统的常见畸形	132
第十七课	耳的发生	140
附录	部分练习参考答案	148
生词总表		154

第一课

人体部位名称、解剖学姿势和方位术语

 一、生词

普通词语

1. 部位	bùwèi	名	part, position：人体~
2. 姿势	zīshì	名	posture：走路~
3. 方位	fāngwèi	名	方向和位置。direction
4. 术语	shùyǔ	名	某个学科专门使用的词语。term：医学~
5. 依次	yīcì	副	按照顺序一个跟着一个地：~进入
6. 规定	guīdìng	动/名	rule：学校~考试要带学生证。rule：学校的~
7. 直立	zhílì	动	up-right：身体~
8. 平视	píngshì	动	look at the front horizontally：两眼~
9. 下垂	xiàchuí	动	hang down：双手~
10. 侧	cè	名	side：左~
11. 尸体	shītǐ	名	corpse：一具~
12. 描述	miáoshù	动	describe：~这张图片
13. 一切	yíqiè	代	all：~结构
14. 沿	yán	介	along：~着
15. 径	jìng	名	path：路~｜小~｜曲~
16. 正中	zhèngzhōng	名	middle：人体~
17. 水平线	shuǐpíngxiàn	名	horizon：画一条~
18. 专门	zhuānmén	形	specially：~的规定
19. 二者	èrzhě	代	指前面说到的两个人或事物。both

1

专业词语

1. 解剖学	jiěpōuxué	名	anatomy
2. 躯干	qūgàn	名	body
3. 四肢	sìzhī	名	the four limbs
4. 颈	jǐng	名	neck
5. 肩	jiān	名	shoulder
6. 胸	xiōng	名	chest
7. 背	bèi	名	back
8. 腹	fù	名	abdomen
9. 腰	yāo	名	waist
10. 臀	tún	名	buttocks
11. 上肢	shàngzhī	名	upper limbs
12. 下肢	xiàzhī	名	lower limbs
13. 上臂	shàngbì	名	the upper arms
14. 肘	zhǒu	名	elbow
15. 前臂	qiánbì	名	forearm
16. 腕	wàn	名	wrist
17. 大腿	dàtuǐ	名	thigh
18. 膝	xī	名	knee
19. 腘	guó	名	popliteus
20. 小腿	xiǎotuǐ	名	shank
21. 踝	huái	名	ankle
22. 足	zú	名	foot
23. 足尖	zújiān	名	toe
24. 手掌	shǒuzhǎng	名	palm
25. 仰卧	yǎngwò	动	lie supine
26. 俯卧	fǔwò	动	lie prostrate
27. 侧卧	cèwò	动	lie on the side
28. 解剖面	jiěpōumiàn	名	anatomical plane
29. 矢状面	shǐzhuàngmiàn	名	sagittal plane

30. 冠状面	guānzhuàngmiàn	名	coronal plane	
31. 横切面	héngqiēmiàn	名	transverse plane	
切面	qiēmiàn	名	section	
32. 解剖轴	jiěpōuzhóu	名	anatomical axle	
33. 矢状轴	shǐzhuàngzhóu	名	sagittal axle	
34. 冠状轴	guānzhuàngzhóu	名	coronal axle	
35. 垂直轴	chuízhízhóu	名	vertical axle	
垂直	chuízhí	形	vertical：两条线互相~。	
36. 有腔器官	yǒuqiāng qìguān		organ	
腔	qiāng	名	动物身体中空的部分。cavity	
37. 尺侧	chǐcè	名	ulnar side	
38. 桡侧	ráocè	名	radial side	
39. 胫侧	jìngcè	名	tibial side	
40. 腓侧	féicè	名	fibular side	
41. 足底	zúdǐ	名	planta pedis	

二、课文

人体由头、躯干和四肢组成。头和躯干连接的部分称为颈。颈以下的躯干依次称为肩、胸和背、腹和腰、臀。四肢分为上肢和下肢。上肢从上往下依次为上臂、肘、前臂、腕和手，下肢则依次为大腿、膝和腘、小腿、踝和足。

人体有各种各样的姿势，但为了教学方便，解剖学规定下列姿势为"解剖学姿势"：身体直立，两眼向前平视，足尖向前，上肢下垂于躯干两侧，手掌向前。在解剖尸体时，一般是把尸体仰卧、俯卧或侧卧，但仍要把尸体当作直立的解剖学姿势来描述其中的一切结构。

解剖面分为**矢状面**、**冠状面**和**横切面**三种。矢状面指**沿**人体的前后**径**将人体分为左右两部分所作的切面。当矢状面位于人体**正中**时，该切面称为正中矢状面。冠状面指沿人体的左右径将人体分为前后两部分所作的切面。横切面指与地面平行，将人体分为上下两部分所作的切面。

解剖轴也分为**矢状轴**、**冠状轴**和**垂直轴**三种。矢状轴为前后方向的**水平线**，冠状轴为左右方向的水平线，垂直轴为上下方向与水平线互相垂直的线。

在方位上，解剖学也有一些**专门**的规定。

描述躯体的方位词主要有：

上和下——近头的为上，近足的为下；或称头侧和尾侧。

前和后——近腹的为前，近背的为后；或称腹侧和背侧。

内和外——在**有腔器官**中，近内腔的为内，远离内腔的为外。

浅和深——接近体表或器官表面的为浅，远离者为深。

内侧和外侧——靠近正中矢状面的为内侧，反之为外侧。

描述四肢的方位词主要有：

近侧和远侧——接近躯干的为近侧，远离的为远侧。

尺侧和**桡侧**——即前臂的内侧和外侧。

胫侧和**腓侧**——即小腿的内侧和外侧。

问题1. 解剖面分为哪几种？

问题2. 解剖轴分为哪几种？

掌侧、足底侧和背侧——手的上面为掌侧，足的下面为足底侧，二者的反面为背侧。

三、课文图例

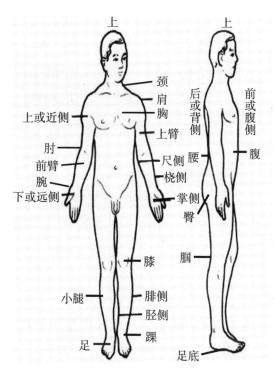

图 1　人体各部位名称、解剖学姿势及方位术语

四、练习

（一）听与读

躯干　颈　肩　胸　背　腹　腰　臀
四肢　上肢　下肢　上臂　前臂　大腿　小腿
肘　腕　手掌　膝　腘　踝　足
仰卧　俯卧　侧卧　矢状面　冠状面　横切面
解剖轴　矢状轴　冠状轴　垂直轴
尺侧　桡侧　胫侧　腓侧

(二) 根据课文用下面的汉字组成术语

侧：(　　　)(　　　)(　　　)　　　卧：(　　　)(　　　)(　　　)

面：(　　　)(　　　)(　　　)　　　轴：(　　　)(　　　)(　　　)

(三) 根据课文内容写出下面词语的反义词

上——　　　　　前——　　　　　腹——

内——　　　　　浅——　　　　　近——

接近——　　　　尺侧——　　　　胫侧——

头侧——　　　　掌侧——　　　　足底侧——

(四) 根据课文内容填空

1. 人体由头、_____和四肢组成。

2. 解剖面分为_____、_____和横切面三种。

3. 上肢从上往下依次为上臂、_____、前臂、_____和手。

4. 下肢从上往下依次为大腿、_____和腘、小腿、_____和足。

(五) 回答问题

1. 当尸体俯卧时，解剖学说哪里是上？哪里是下？哪里是前？哪里是后？

2. 解剖学上说"外"和"浅"、"内"和"深"，意思有什么不同？

3. 解剖轴有哪几种？

(六) 名词解释

解剖学姿势

(七) 根据课文内容标出下列位置对应的术语名称

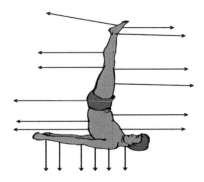

(八)课堂活动

1. 2—3人一组互相问答:

（1）人体由什么组成？

（2）从上到下,从前到后,说说人体躯干各部位的名称。

（3）从上到下,说说人体四肢部位的名称。

2. 根据课文的描述,演示解剖学姿势。

3. 根据同学做的动作,用解剖学方位词说出其所指的身体位置。

第二课　被覆上皮

一、生词

普通词语

1. 覆盖	fùgài	动	cover：地上~着一层雪。
2. 于	yú	介	在：衬贴~有腔器官上
3. 表面	biǎomiàn	名	surface：身体~
4. 衬贴	chèntiē	动	line, paste：有腔器官上~着上皮。
5. 层数	céng shù		number of layers：细胞~
6. 不规则形	bùguīzéxíng	名	irregular shape
规则	guīzé	名	rule：呈不~形
7. 多边形	duōbiānxíng	名	polygon
8. 椭圆形	tuǒyuánxíng	名	ellipse
9. 中央	zhōngyāng	名	中间：细胞~
10. 边缘	biānyuán	名	edge：细胞~
11. 锯齿状	jùchǐzhuàng	名	zigzag
12. 波浪状	bōlàngzhuàng	名	wavy
13. 嵌合	qiànhé	动	bind, joint：互相~
14. 六角形	liùjiǎoxíng	名	hexagon
15. 多角形	duōjiǎoxíng	名	polygon
16. 圆形	yuánxíng	名	roundness
17. 棱柱状	léngzhùzhuàng	名	prismatic shape
18. 长圆形	chángyuánxíng	名	long circle
19. 黏液	niányè	名	mucus：分泌~
20. 润滑	rùnhuá	动	lubricate：有~作用

21. 梭形	suōxíng	名	shuttle shape	
22. 锥体形	zhuītǐxíng	名	cone shape	
23. 不等	bù děng		不一样,不齐:高矮~| 快慢~	
24. 顶端	dǐngduān	名	top:细胞~	
25. 故	gù	连	所以	
26. 实际	shíjì	副	actually	
27. 仍	réng	副	还是,仍然。still	
28. 深层	shēncéng	名	deep-layer:最~的细胞	
29. 紧靠	jǐnkào	动	abut, next to:~上皮	
30. 矮柱状	ǎizhùzhuàng	名	short column	
31. 数层	shù céng		several layers:~多边形细胞	
32. 浅层	qiǎncéng	名	最外面的一层。superficial layer:~细胞	
33. 管道	guǎndào	名	pipeline:排尿~	
34. 随	suí	介	随着。along with	
35. 扩张	kuòzhāng	动	expand:器官~	
36. 表层	biǎocéng	名	surface layer:~细胞	
37. 中层	zhōngcéng	名	middle layer:~细胞	
38. 倒置	dàozhì	动	invert:杯子~	
39. 梨形	líxíng	名	pear-shape	

专业词语

1. 被覆上皮	bèifù shàngpí		covering epithelium
上皮	shàngpí	名	epithelium
2. 上皮组织	shàngpí zǔzhī		epithelial tissue
组织	zǔzhī	名	tissue
3. 腔面	qiāngmiàn	名	cavity surface
4. 单层上皮	dāncéng shàngpí		simple epithelium
单层	dāncéng	名	single-layer
5. 复层上皮	fùcéng shàngpí		stratified epithelium

复层	fùcéng	名	multiple-layer
6. 单层扁平上皮	dāncéng biǎnpíng shàngpí		simple squamous epithelium
扁(形)	biǎn(xíng)	形	flat (shape)
平	píng	形	flat
7. 单层立方上皮	dāncéng lìfāng shàngpí		simple cuboidal epithelium
立方(形)	lìfāng(xíng)	名	cube
8. 单层柱状上皮	dāncéng zhùzhuàng shàngpí		simple columnar epithelium
柱状	zhùzhuàng	名	column
9. 假复层纤毛柱状上皮	jiǎ fùcéng xiānmáo zhùzhuàng shàngpí		pseudostratified ciliated columnar epithelium
纤毛	xiānmáo	名	cilium
10. 散在	sànzài	形	spread：~的细胞
11. 杯状细胞	bēizhuàng xìbāo		goblet cell
杯状	bēizhuàng	名	goblet
12. 基底端	jīdǐduān	名	basal side
13. 基膜	jīmó	名	basilemma
14. 复层扁平上皮	fùcéng biǎnpíng shàngpí		stratified squamous epithelium
15. 复层柱状上皮	fùcéng zhùzhuàng shàngpí		stratified columnar epithelium
16. 变移上皮	biànyí shàngpí		transitional epithelium
17. 排尿	páiniào	动	urinate
18. 膀胱	pángguāng	名	bladder
19. 充尿	chōngniào	动	fill the urine

二、课文

上皮组织大部分覆盖于身体表面和衬贴于有腔器官的腔面,称被覆上皮。被覆上皮按上皮细胞层数可分为单层上皮和复层上皮两类。

单层上皮根据细胞形状可分为单层扁平上皮、单层立方上皮、单层柱状上皮和假复层纤毛柱状上皮四种。

单层扁平上皮由一层扁平细胞组成。由表面看,细胞呈不规则形或多边形,核椭圆形,位于细胞中央。细胞边缘呈锯齿状或波浪状,互相嵌合。由上皮的垂直切面看,细胞核呈扁形。

单层立方上皮由一层立方形细胞组成。从上皮表面看,每个细胞呈六角形或多角形。由上皮的垂直切面看,细胞呈立方形;细胞核圆形,位于细胞中央。

单层柱状上皮由一层棱柱状细胞组成。从表面看,细胞呈六角形或多角形。由上皮的垂直切面看,细胞呈柱状;细胞核长圆形。柱状细胞间有许多散在的杯状细胞,它分泌黏液,有润滑上皮表面和保护上皮的作用。

假复层纤毛柱状上皮由柱状细胞、梭形细胞和锥体形细胞等几种形状、大小不同的细胞组成。柱状细胞游离面具有纤毛。该类上皮中也常有杯状细胞。由于几种细胞高矮不等,只有柱状细胞和杯状细胞的顶端伸到上皮的游离面,细胞核的位置也深浅不一,故从上皮垂直切面看很像复层上皮。但这些高矮不等的细胞基

问题1.什么是被覆上皮?

问题2.单层上皮和复层上皮是按什么来分类的?

问题3.由表面看和垂直切面看,单层扁平上皮的细胞核有什么不同?

问题4.从表面看和垂直切面看,单层立方上皮的细胞形状有什么不同?

问题5.由表面看和垂直切面看,单层柱状上皮的细胞形状有什么不同?

问题6.假复层纤毛柱状上皮由哪几种细胞组成?

问题7.为什么说假复层纤毛柱状上皮是单层上皮?

底端都附在**基膜**上,故**实际仍**为单层上皮。

复层上皮由多层细胞组成,最**深层**的细胞附着于基膜上,可分为**复层扁平上皮**、**复层柱状上皮**和**变移上皮**三种。

复层扁平上皮是最厚的一种上皮。**紧靠**基膜的一层细胞为立方形或**矮柱状**,此层以上是**数层**多边形细胞,再上为梭形细胞,**浅层**为几层扁平细胞。

问题8.说说梭形细胞在复层扁平上皮的位置。

复层柱状上皮的深层为一层或几层多边形细胞,浅层为一层排列较整齐的柱状细胞。

变移上皮衬贴在**排尿管道**的腔面,细胞形状和层数可**随**所在器官的收缩与**扩张**而发生变化。如**膀胱**缩小时,上皮变厚,细胞层数较多,此时**表层**细胞呈大立方形;**中层**细胞为多边形,有些呈**倒置**的**梨形**;基底细胞为矮柱状或立方形。当膀胱**充尿**扩张时,上皮变薄,细胞层数减少,细胞形状也变扁。

问题9.膀胱缩小时和膀胱充尿时,变移上皮分别会发生什么变化?

三、课文图例

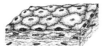
图1 单层扁平上皮

图2 单层立方上皮

图3 单层柱状上皮

图4 假复层纤毛柱状上皮

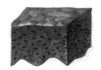
图5 复层扁平上皮

膀胱缩小时

膀胱充尿时

图6 变移上皮

四、注释

1. V. + 于

"于",介词,书面语。用在动词后面引出补语,可表示行为动作的位置。相当于"在……(上/里/中)"。如:

(1) 上皮组织大部分覆盖于身体表面和衬贴于有腔器官的腔面。
(2) 单层立方上皮细胞核圆形,位于细胞中央。

2. -数

名词+数:表示该类事物的数目。如:人数、细胞数、天数等。
量词+数:表示数量。如:个数、张数、支数、层数等。

3. 呈……形/状

意思是"具有……形状"或"显出……形状"。组织胚胎学上常用这种格式来描述细胞、细胞器等的形状。如:

(1) 由表面看,扁平细胞呈不规则形或多边形。
(2) 扁平细胞的边缘呈锯齿状或波浪状。

五、练习

(一) 听与读

被覆上皮　单层扁平上皮　单层立方上皮　单层柱状上皮
假复层纤毛柱状上皮　复层扁平上皮　复层柱状上皮　变移上皮
不规则形　多边形　长圆形　椭圆形　梭形　扁形　六角形　多角形
立方形　锥体形　柱状　棱柱状　锯齿状　杯状

(二) 写出下面画线词语对应的双音节词

1. 复层扁平上皮紧靠基膜的一层细胞为立方形或矮柱状。
   或:

2. 被覆上皮可分为单层上皮和复层上皮两类。
   可:

3. 这些高矮不等的细胞基底端都附在基膜上,故实际仍为单层上皮。
   故: 仍:
4. 复层柱状上皮浅层为一层排列较整齐的柱状细胞。
   较:
5. 变移上皮的细胞形状和层数随所在器官的收缩与扩张而发生变化。
   随:

(三) 根据下面词语画出对应的形状

不规则形　多边形　椭圆形　　　锯齿状　　波浪状　　梭形

六角形　多角形　立方形　　　棱柱形　　柱状　　　杯状

长圆形　锥体形　倒置的梨形　高矮不等

(四) 根据课文内容选择合适的词语填空

规则　数层　层数　中央　衬贴　嵌合　覆盖　不等　边缘

1. 假复层纤毛柱状上皮由几种形状、大小不同,高矮_____的细胞组成。
2. 人体有腔器官的腔面_____着上皮组织。
3. 我们的身体表面_____着上皮组织。
4. 复层扁平上皮在紧靠基膜的矮柱状细胞上面,是_____多边形细胞。
5. 由表面看,扁平细胞呈不_____形或多边形。
6. 由上皮的垂直切面看,立方形细胞的细胞核位于细胞_____。
7. 单层扁平上皮细胞边缘呈锯齿状或波浪状,互相_____。

（五）根据课文内容完成下列表格

分类		细胞形状	
		由表面看	由垂直切面看
被覆上皮	单层上皮		
	复层上皮		

（六）根据课文内容回答问题

1. 单层上皮根据细胞形状可分为哪几种？
2. 从紧靠基膜到最表层描述复层扁平上皮细胞形状的变化。
3. 举例说明变移上皮的特点。

（七）用"呈……状/形"描述物体的形状，写三个句子

例：单层柱状上皮细胞呈棱柱状。

（八）课堂活动

一位同学说出细胞的层数和特点，其余同学说出是哪种上皮。

骨和骨组织

一、生词

普通词语

1. 包括	bāokuò	动	include:被覆上皮~单层上皮和复层上皮。
2. 坚硬	jiānyìng	形	非常硬(反义词:柔软)。hard:~的骨组织
3. 韧性	rènxìng	名	又软又不容易断的特性。tenacity:有~
4. 数种	shù zhǒng		几种:~细胞
5. 板层状	bǎncéngzhuàng	名	像板块一层一层叠起来的形状:呈~
6. 有效	yǒuxiào	形	有效果的,有作用的:很~
7. 增强	zēngqiáng	动	strengthen:~支持力
8. 突起	tūqǐ	名	protuberance:细胞~
9. 溶解	róngjiě	动	dissolve:~作用
10. 释放	shìfàng	动	release:~出钙离子
11. 继而	jì'ér	连	表示紧跟在某种情况或动作之后。then
12. 恒态	héngtài	名	长时间的稳定状态。steady state:~水平
13. 贴近	tiējìn	动	紧靠:~细胞表面
14. 弱	ruò	形	weak:~碱性。(反义词:强)
15. 改建	gǎijiàn	动	改变。rebuild:骨组织~
16. 形成	xíngchéng	动	通过发展变化出现某种情况。form:~连接
17. 类似	lèisì	动	大致相像。like:~纤毛的形状
18. 包埋	bāomái	动	embed:被~

第三课　骨和骨组织

专业词语：

1. 骨骼	gǔgé	名		ossature
2. 颅骨	lúgǔ	名		harnpan
3. 头颅	tóulú	名	头。	head, skull
4. 额骨	égǔ	名		frontal bone
5. 顶骨	dǐnggǔ	名		parietal bone
6. 颞骨	niègǔ	名		temporal bone
7. 颌骨	hégǔ	名		jaw
8. 枕骨	zhěngǔ	名		occipital bone
9. 蝶骨	diégǔ	名		sphenoid bone
10. 颧骨	quángǔ	名		cheekbone
11. 椎骨	zhuīgǔ	名		vertebra
12. 锁骨	suǒgǔ	名		clavicle
13. 肩胛骨	jiānjiǎgǔ	名		spealbone
14. 肋骨	lèigǔ	名		rib
15. 骨盆	gǔpén	名		pelvis
16. 骶骨	dǐgǔ	名		sacrum
17. 髋骨	kuāngǔ	名		innominate bone
18. 髂骨	qiàgǔ	名		iliac bone
19. 耻骨	chǐgǔ	名		pubis
20. 肱骨	gōnggǔ	名		humerus
21. 股骨	gǔgǔ	名		thighbone
22. 髌骨	bìngǔ	名		patella
23. 跗骨	fūgǔ	名		tarsal bone
24. 跖骨	zhígǔ	名		metatarsal bones
25. 趾骨	zhǐgǔ	名		phalanx
26. 钙化	gàihuà	动	因为钙成分增多而变硬。	calcify
27. 细胞间质	xìbāo jiānzhì			intercellular substance
28. 骨基质	gǔjīzhì	名		bone matrix
29. 骨原细胞	gǔyuán xìbāo			osteogenic cell

30. 成骨细胞	chénggǔ xìbāo		osteoblast
成骨	chénggǔ	动	形成骨。ossify
31. 破骨细胞	pògǔ xìbāo		osteoclast
32. 骨板	gǔbǎn	名	bone lamella
33. 骨陷窝	gǔxiànwō	名	bone lacuna
34. 骨小管	gǔxiǎoguǎn	名	bone canaliculi
35. 溶骨作用	rónggǔ zuòyòng		osteolysis
36. 干细胞	gànxìbāo	名	stem cell
37. 骨外膜	gǔwàimó	名	periosteum
38. 嗜酸性	shìsuānxìng	名	acidophilia
39. 类骨质	lèigǔzhì	名	osteoid
40. 顶浆分泌	dǐngjiāng fēnmì		apocrine secretion
41. 基质小泡	jīzhì xiǎopào		matrix vesicle

二、课文

骨主要由骨组织构成。成人**骨骼**除牙齿外，有206块。按其在体内的部位，可分为**颅骨**、**躯干骨**和**四肢骨**。前二者统称为中轴骨。

构成**头颅**的骨称为颅骨，主要**包括额骨、顶骨、颞骨、颌骨、枕骨、蝶骨**和**颧骨**等。

除颅骨和四肢骨以外的骨称为躯干骨。主要包括**椎骨**、**锁骨**、**肩胛骨**、**胸骨**、**肋骨**和**骨盆**等。椎骨根据部位又分为颈椎、胸椎和腰椎。骨盆由**骶骨**、**尾骨**和**髋骨**构成，其中髋骨又包括**髂骨**、**耻骨**和**坐骨**。

四肢骨分为上肢骨和下肢骨。上肢骨由**肱骨**、**尺骨**、**桡骨**、**腕骨**、**掌骨**和**指骨**构成。下肢骨由**股骨**、**髌骨**、**胫骨**、**腓骨**、**跗骨**、**跖骨**和**趾骨**

问题1. 人体主要有哪些骨骼？

问题2. 躯干骨主要包括哪些骨？

构成。

骨组织是**坚硬**而有一定**韧性**的结缔组织，由大量**钙化**的**细胞间质**及**数种**细胞组成。钙化的细胞间质称为**骨基质**。细胞有骨细胞、**骨原细胞**、**成骨细胞**及**破骨细胞**四种。

骨基质结构呈**板层状**，称为**骨板**。同一骨板内的纤维相互平行，相邻骨板的纤维则相互垂直，这种结构形式**有效**地**增强**了骨的支持力。

骨细胞是有许多细长**突起**的细胞，单个分散于骨板内或骨板间。胞体较小，呈扁圆形，其所在空隙称**骨陷窝**，突起所在的空隙称**骨小管**。骨细胞的**溶骨作用**可溶解骨陷窝周围的骨基质，使钙离子**释放**入骨陷窝的组织液中，**继而**进入血液，对维持血钙的**恒态**水平有一定作用。

骨原细胞是骨组织中的**干细胞**，位于**骨外膜**及骨内膜**贴近**骨处。细胞较小，呈梭形，核椭圆形，细胞质少，**弱嗜酸性**。当骨组织生长或**改建**时，骨原细胞能分裂分化为成骨细胞。

成骨细胞是具有细小突起的细胞，分布在骨组织表面，成年前较多，成年后较少。其胞体呈矮柱状或椭圆形，突起常伸入骨质表层的骨小管内，与表层骨细胞的突起**形成**连接。成骨时，成骨细胞分泌**类骨质**，同时以**类似顶浆分泌**的方式向类骨质中释放**基质小泡**。基质小泡是使类骨质钙化的重要结构。当成骨细胞被类骨质**包埋**后，便成为骨细胞。

破骨细胞主要分布在骨组织表面，数目较少。它是一种多核的大细胞，含有2—50个核。破骨细胞有溶解和吸收骨基质的作用。

问题3.骨组织由什么组成？

问题4.骨组织的细胞主要有哪几种？

问题5.骨基质为什么又称为骨板？

问题6.什么是骨陷窝和骨小管？

问题7.骨原细胞有什么特点？

问题8.成骨细胞如何成为骨细胞？

问题9.成骨细胞有什么特点？

三、课文图例

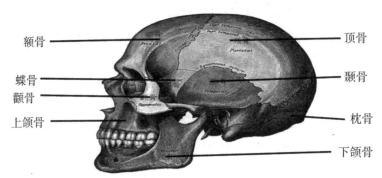

图1　颅骨

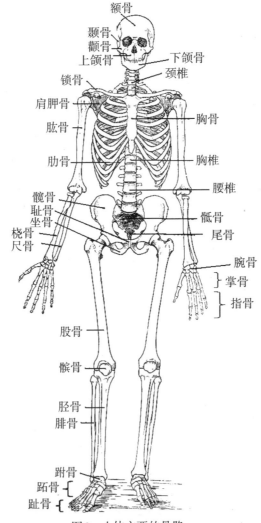

图2　人体主要的骨骼

四、注释

1. 前二者

前面的两个,常做主语或宾语。前面的句子说到两种以上的事物,后面的句子用"前二者"指排列在前面的两个事物。类似的说法还有"前者、前三者、后者、后二者、后三者"等。如:

骨按其在体内的部位,可分为颅骨、躯干骨和四肢骨。前二者统称为中轴骨,后者分为上肢骨和下肢骨。

2. 顶浆分泌

外分泌腺的一种分泌方式。指腺细胞在分泌过程中,细胞顶膜受损,细胞顶部的一部分胞浆(即细胞质)与分泌物一起排出。哺乳动物乳腺细胞的分泌和汗腺的分泌为此类。

五、练习

(一)听与读

骨骼　颅骨　额骨　顶骨　颞骨　枕骨　颌骨　蝶骨　椎骨
锁骨　肩胛骨　肋骨　骨盆　骶骨　髋骨　髂骨　耻骨
肱骨　股骨　髌骨　跗骨　跖骨　趾骨

(二)给下面词语写上拼音

骨骼：　　　颅骨：　　　额骨：　　　颞骨：　　　枕骨：
颌骨：　　　蝶骨：　　　椎骨：　　　锁骨：　　　骶骨：
肋骨：　　　骨盆：　　　髋骨：　　　髂骨：　　　耻骨：
肱骨：　　　股骨：　　　髌骨：　　　跗骨：　　　跖骨：
趾骨：　　　肩胛骨：

(三)根据课文内容用下面的汉字组成术语

板：(　　　)(　　　)　　质：(　　　)(　　　)
形：(　　　)(　　　)　　性：(　　　)(　　　)

(四) 写出下面词语对应的双音节或四音节词语

按——　　　　体内——　　　　无——

内含——　　　　形——　　　　状——

(五) 把下列术语与对应的形状用线连接起来

骨基质　　　　　　　梭形

骨原细胞　　　　　　椭圆形

骨原细胞核　　　　　板层状

成骨细胞胞体　　　　矮柱状

(六) 解释下面画线词语的意思

1. 成人骨骼可分为颅骨、躯干骨和四肢骨，<u>前二者</u>统称为中轴骨。

   前二者：

2. 骨细胞单个分散<u>于</u>骨板内或骨板<u>间</u>。

   于：　　　　　　　　　间：

3. 骨细胞胞体较小，呈扁椭圆形，<u>其</u>所在空隙称骨陷窝。

   其：

4. 骨原细胞位于骨外膜及骨内膜贴近骨<u>处</u>。

   处：

5. 当成骨细胞被类骨质包埋后，<u>便</u>成为骨细胞。

   便：

(七) 根据课文内容完成下列表格

骨组织中的细胞种类

种类	位置	特点	功能

(八) 根据课文内容回答问题

1. 什么是骨基质？它的结构有什么特点？这种结构有什么作用？
2. 骨原细胞、成骨细胞、骨细胞这三者有什么关系？

(九) 课堂活动

| 颅骨 额骨 顶骨 颞骨 枕骨 颌骨 蝶骨 椎骨 锁骨 |
| 肩胛骨 肋骨 骨盆 髋骨 肱骨 尺骨 桡骨 腕骨 |
| 掌骨 指骨 股骨 髌骨 胫骨 腓骨 |

1. 一位同学从上述词语中选一个或数个做动作，其他同学说出骨骼的名称。
2. 一位同学说出上述骨骼的名称，其他同学指出其在身体的位置。

心血管系统

一、生词

普通词语

1. 互	hù	副	互相,相互。
2. 分隔	fēngé	动	分开,隔开:心脏~成四个腔。
3. 均	jūn	副	都,全部。
4. 过程	guòchéng	名	process:生命~中
5. 收缩	shōusuō	动	shrink, contract:心脏~
6. 舒张	shūzhāng	动	relax:心脏~(反义词:收缩)
7. 活动	huódòng	名	movement:做……~
8. 收纳	shōunà	动	accept:~衣物｜~血液
9. 射	shè	动	shoot:~出
10. 节律性	jiélǜxìng	名	rhythmicity:~的活动
11. 规律性	guīlǜxìng	名	regularity:~运动
12. 开启	kāiqǐ	动	开。
13. 关闭	guānbì	动	关。(反义词:开启)
14. 推动	tuīdòng	动	push forward:~血液流动
15. 循环	xúnhuán	动	circulate:血液~
16. 发出	fāchū	动	issue, give out:由……~
17. 运送	yùnsòng	动	transport:~血液
18. 至	zhì	动	到。arrive
19. 行程	xíngchéng	名	路程。route
20. 分支	fēnzhī	名	branch:血管~
21. 管壁	guǎnbì	名	tube wall:血~

22. 移行	yíxíng	动		改变行走路线。
23. 压力	yālì	名		pressure：血液~
24. 流速	liúsù	名		流体的速度（米/秒）。flow rate：~较快
25. 输送	shūsòng	动		transport, convey：~血液
26. 起	qǐ	动		（从……）开始：~自……
27. 向	xiàng	介		to：~心
28. 汇集	huìjí	动		原先分散的东西合在一起；聚集：向心~
29. 属支	shǔzhī	名		附属分支。subsidiary branches
30. 合	hé	动		集中到一起：~起来
31. 粗	cū	形		thick：这棵树很~。（反义词：细）
32. 缓慢	huǎnmàn	形		慢：血流~
33. 略	lüè	副		有点儿，稍微：~小
34. 庞杂	pángzá	形		又多又乱：属支~
35. 容积	róngjī	名		容器或能容纳物质的物体的内部体积。vessel：洗衣机的~
36. 借以	jièyǐ	连		so as to, by way of（见注释3）
37. 流量	liúliàng	名		流体在一定时间内通过的量（立方米/秒）。flow：血~
38. 柔软	róuruǎn	形		软：~的床｜~的身体
39. 凡	fán	副		凡是，只要。
40. 回流	huíliú	动		流过去或流出去的又流回来：血液~
41. 甚	shèn	形		很，非常：~少
42. 遍布	biànbù	动		分布到所有的地方：~全身
43. 厚度	hòudù	名		thickness：细胞膜的~
44. 因……而异	yīn……ér yì			It all depends.（见注释6）
45. 间有	jiànyǒu	动		隔开一段距离就有。
46. 受损	shòusǔn	动		受到损害，受到损伤：血管~
47. 修复	xiūfù	动		（对受损伤的事物）修理使恢复完整：~功能｜~缺口

专业词语

1. 心脏	xīnzàng	名	heart
2. 动脉	dòngmài	名	artery
3. 静脉	jìngmài	名	vein
4. 毛细血管	máoxì xuèguǎn		blood capillary
5. 心肌	xīnjī	名	构成心脏的肌肉。cardiac muscle
6. 心房	xīnfáng	名	atrium
7. 心室	xīnshì	名	ventricle
8. 房室口	fángshìkǒu	名	心房和心室之间相通的地方。
9. 房中隔	fángzhōnggé	名	septum atriorum
10. 室中隔	shìzhōnggé	名	septum ventriculorum
11. 瓣膜	bànmó	名	人和某些动物的器官里面可以打开的膜状结构。valve
12. 静脉瓣	jìngmàibàn	名	venous valve
13. 皱襞	zhòubì	名	由黏膜和黏膜下层向腔面形成的突起。fold:形成~
14. 平滑肌	pínghuájī	名	smooth muscle
15. 增生	zēngshēng	动	属于病理情况。因为某种原因生物体某一部分组织的细胞数目增加,体积扩大。hyperplasia
16. 动脉硬化	dòngmài yìnghuà		arteriosclerosis
17. 成纤维细胞	chéngxiānwéi xìbāo		fibroblast

二、课文

心血管系统包括**心脏**、**动脉**、**静脉**和**毛细血管**。

心脏主要由**心肌**组成,分为右心**房**、右心**室**、左心房和左心室四个腔。同侧心房与心室间以**房室口**相通,但左右心房间、左右心室间正

问题1.心脏分为哪几个腔?这几个腔哪些相通哪些不相通?

常互不相通,分别有**房中隔**、**室中隔**分隔。心房有静脉的入口,心室有动脉的出口。在房室口和动脉口处**均有瓣膜**。生命**过**程中,心脏不断地做**收缩**和**舒张活动**,舒张时**收纳**静脉血回心,收缩时则把血液从心脏**射入**动脉。心脏通过这种**节律性**的活动以及由此引起的瓣膜的**规律性开启**和**关闭**,**推动**血液沿单一方向**循环**流动。

动脉是由心室**发出**的血管,**运送**血液离开心脏**至**肺和身体各部。在**行程**中动脉不断**分支**,越分越细,**管壁**逐渐变薄,最后**移行**于毛细血管。动脉内血液**压力**较高,**流速**较快。

静脉是**输送**血液回心的血管,**起**自毛细血管,其在**向心汇集**的过程中,不断接受**属支**,越**合**越粗。静脉血压较低,血流**缓慢**。静脉管腔一般都比相应的动脉**略**大,加上属支**庞杂**,因此,静脉的总**容积**为动脉系的一倍以上,**借以**维持血**流量**的动态平衡。静脉壁内有**静脉瓣**,为静脉内膜形成的**皱襞**,薄而**柔软**,有防止血液逆流、促进血液向心流动的作用。**凡**在站立时血液**回流**较困难的部位(如四肢),静脉瓣的数目就多;反之,则瓣膜**甚**少,如头颈部的静脉。

毛细血管是连接动脉和静脉之间的微细血管,几乎**遍布**全身各器官内,是血液与组织细胞间进行物质交换的场所。

血管包括动脉、静脉和毛细血管。除毛细血管外,血管壁从管腔面向外一般依次分为内膜、中膜和外膜。

问题2. 心脏的活动有哪些特点?

问题3. 什么是动脉?它有什么特点?

问题4. 什么是静脉?它有什么特点?

内膜是管壁的最内层，是三层中最薄的一层。

中膜位于内膜和外膜之间，其**厚度**及组成成分**因**血管种类**而异**。大动脉以弹性膜为主，**间有少许平滑肌**；中动脉主要由平滑肌组成。在病理状况下，动脉中膜的平滑肌可移入内膜**增生**并产生结缔组织，使内膜增厚，是**动脉硬化**发生的重要病理过程。

外膜由疏松结缔组织组成。血管壁的结缔组织细胞以**成纤维细胞**为主，当血管**受损**时，成纤维细胞具有**修复**外膜的功能。

问题5.在所有血管中，中膜的厚度和组成成分都是一样的吗？

问题6.动脉硬化是怎样发生的？

问题7.血管壁外膜的成纤维细胞有什么作用？

三、课文图例

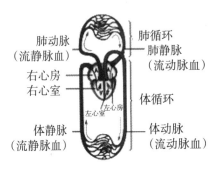

图1　血液循环

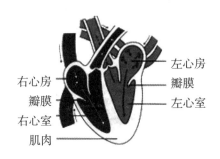

图2　心脏的结构

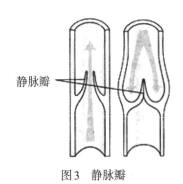

图3　静脉瓣

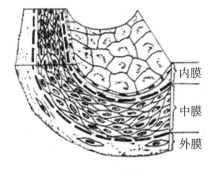

图4　血管壁

 四、注释

1. 名词 + 性

"性"是名词后缀,跟在名词的后边,表示事物的某种性质。如:节律性、规律性。

2. V. + 自

"自"介词,从,书面语。用在少数动词后面,表示动作的来源。常搭配的动词有"来、寄、起、选、出、抄、译"等,多数是单音节动词。如:
(1) 我来~非洲。
(2) 静脉是输送血液回心的血管,起~毛细血管。

3. 略 + 单音节Adj.

"略",副词,有点儿,书面语。放在单音节形容词前面。它的对应口语表达形式是:有点儿+Adj.。如:
略大——有点儿大　略深——有点儿深　略红——有点儿红

4. 借以

连词。用在复句的下半句开头,表示把上半句所说的内容作为凭借或依据,以达到某种目的。如:
(1) 骨细胞可溶解骨陷窝周围的骨基质,使钙离子进入血液,~帮助维持血钙的恒态水平。
(2) 静脉的总容积为动脉系的一倍以上,~维持血流量的动态平衡。

5. Adj. + 而 + Adj.

"而",连词,放在两个形容词之间,是口语"又……又……"的书面语固定格式,表示两种情况或状态同时存在。如:薄而柔软、厚而硬、温暖而潮湿、寒冷而干燥。

6. 因……而异

固定格式。"因",因为,介词。"而",连词,把表示原因的介词短语连接

到动词前面。"异",不同,动词。整个格式表示因为某种原因而出现不同的情况或结果。如:

(1) 位于膀胱的变移上皮,其细胞形状和层数可因膀胱的收缩与扩张而异。

(2) 中膜位于内膜和外膜之间,其厚度及组成成分因血管种类而异。

五、练习

(一) 听与读

心血管系统　心脏　动脉　静脉　毛细血管　心肌

左心房　右心房　左心室　右心室　房室口　房中隔　室中隔

瓣膜　静脉瓣　动脉硬化　疏松结缔组织　成纤维细胞

(二) 根据课文内容用下面汉字组成术语

脉:(　　　)(　　　)　　　隔:(　　　)(　　　)

瓣:(　　　)(　　　)　　　房:(　　　)(　　　)

室:(　　　)(　　　)

(三) 写出下面词语的反义词

收缩:　　　开启:　　　入口:　　　静脉:

(四) 写出下面画线词语对应的双音节词

1. 左右心房间、左右心室间正常互不相通。

　　间:　　　　　互:

2. 动脉内血液压力较高。

　　较:

3. 动脉中膜的平滑肌可移入内膜增生并产生结缔组织。

　　并:

4. 心脏收缩时把血液从心脏射入动脉。

　　时:

（五）写出下面书面语对应的口语表达形式

均：　　此：　　至：　　自：　　缓慢：

略：　　异：　　甚：　　及：　　少许：

（六）根据课文内容标出下列位置对应的术语名称

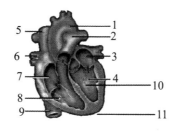

（七）将合适的固定格式用线连接起来（一个词可能有不止一个的搭配）

在　　　　而异
由　　　　时
与　　　　为主
当　　　　情况下
有　　　　外
以　　　　相通
除　　　　作用
位于　　　功能
因　　　　中
具有　　　组成
起　　　　之间

（八）根据课文内容回答问题

1. 简述心脏的结构和特点。
2. 根据课文内容写出血液从心脏出发回流至心脏的行程。
3. 列表说明动脉和静脉在结构和功能上有何不同。

（九）课堂活动

1. 看图互相说说心脏主要结构的名称。
2. 互相说说动脉和静脉在结构和功能上的不同。

第五课

神经元和中枢神经系统

一、生词

普通词语

1. 形态	xíngtài	名	生物体外部的形状。shape：细胞~
2. 多种多样	duōzhǒng duōyàng		种类或形状很多：形态~
3. 通常	tōngcháng	形	一般,平常。
4. 刺激	cìjī	动	外界事物如声、光、热等对生物体的感觉器官起作用,引起生物体活动或变化。stimulate：接受~
5. 棘状	jízhuàng	名	像针尖的形状：~的小突起
6. 大为	dàwéi	副	表示程度深、范围大：~提高｜~失望
7. 扩大	kuòdà	动	使……变大：面积大为~
8. 索状	suǒzhuàng	名	像绳子或链子的样子。cable：呈~
9. 终末	zhōngmò	名	终端,末端。terminal：细胞突起的~
10. 基部	jībù	名	开始的地方：……的~
11. 圆锥形	yuánzhuīxíng	名	cone 
12. 短者	duǎnzhě	名	短的那个。the short one
13. 微米	wēimǐ	名	μm
14. 达	dá	动	到：~一米以上
15. 均一	jūnyī	形	平均的,均匀的。uniform：直径~
16. 直角	zhíjiǎo	名	right angle
17. 距	jù	动	离,距离：(A)~B不远
18. 外围	wàiwéi	名	周围：心脏的~

19. 名	míng	动	名字叫作。	
20. 外表	wàibiǎo	名	表面:心脏~	
21. 被	bèi	动	覆盖。cover	
22. 光泽	guāngzé	名	物体表面的亮光:有~	
23. 特化	tèhuà	形	特殊化的,特别的,独特的。specialized:~的细胞连接	
24. 实现	shíxiàn	动	come true:~细胞连接	
25. 通信	tōngxìn	动	利用信号传送信息。communicate:细胞之间的~	
26. 常见	chángjiàn	形	可以经常看到的:~病	

专业词语

1. 神经元	shénjīngyuán	名	神经细胞。neuron, nerve cell
2. 中枢神经系统	zhōngshū shénjīng xìtǒng		central nervous system
3. 周围神经系统	zhōuwéi shénjīng xìtǒng		peripheral nervous system
4. 神经胶质细胞	shénjīng jiāozhì xìbāo		neurogliocyte
5. 树突	shùtū	名	神经元的突起,形状像树枝。dendrite
6. 轴突	zhóutū	名	神经元的突起,形状像轴。axon
7. 冲动	chōngdòng	名	能引起某种行为的神经兴奋。impulse
8. 树突棘	shùtūjí	名	神经元树突上的棘状小突起。dendritic spine
9. 突触	tūchù	名	神经元之间或神经元与非神经细胞之间的一种细胞连接。synapse

10. 轴丘	zhóuqiū	名	胞体发出轴突的部位。axon hillock
11. 多极神经元	duōjí shénjīngyuán		multipolar neuron
极	jí	名	指神经元的突起。polar
12. 双极神经元	shuāngjí shénjīngyuán		bipolar neuron
13. 假单极神经元	jiǎ dānjí shénjīngyuán		pseudounipolar neuron
14. 周围突	zhōuwéitū	名	分布到外围其他组织和器官的神经元突起的分支。peripheral process
15. 中枢突	zhōngshūtū	名	进入中枢神经系统的神经元突起的分支。central process
16. 标本	biāoběn	名	医学上指用来做化验或研究的血液、痰液、组织切片等。sample
17. 灰质	huīzhì	名	脑和脊髓中的灰色部分,主要由神经细胞组成。grey matter
18. 皮质	pízhì	名	大脑两半球表面的一层,稍带灰色,由神经细胞组成。cortex
19. 髓鞘	suǐqiào	名	包裹在神经细胞轴突外面的一层膜。myelin sheath
鞘	qiào	名	装刀剑的套子。
20. 白质	báizhì	名	脑和脊髓的白色部分,主要由神经细胞所发出的神经纤维组成。white matter

二、课文

神经系统分中枢神经系统和**周围神经系统**，由神经组织构成。神经组织由神经细胞和**神经胶质细胞**组成。神经细胞亦称神经元，是神经系统的结构和功能单位。神经胶质细胞则对神经元起支持、保护、分隔、营养等作用。

神经元的**形态多种多样**，但均可分为胞体和突起两部分。神经元突起又分**树突**和**轴突**两种。**通常**一个神经元有一个至多个树突，但轴突只有一条。

树突多呈树状分支，可接受**刺激**并将**冲动**传向胞体。在树突分支上常见许多**棘状**的小突起，称**树突棘**。树突棘是神经元之间形成**突触**的主要部位。树突棘和树突使神经元的接受面**大为扩大**。

轴突呈细**索状**，末端常有分支，称轴突**终末**，轴突将冲动从胞体传向终末。轴突通常自胞体发出，但也有从树突干**基部**发出的。胞体发出轴突的部位常呈**圆锥形**，称**轴丘**。轴突的长短不一，**短者**仅数**微米**，长者可达一米以上。轴突一般比树突细，全长直径较**均一**，有侧支呈**直角**分出。神经元的胞体越大，其轴突越长。

根据突起的多少可将神经元分为**多极神经元**、**双极神经元**和**假单极神经元**三种。多极神经元有一个轴突和多个树突。双极神经元有两个突起，一个是树突，另一个是轴突。假单极神经元从胞体发出一个突起，距胞体不远又呈"T

问题1.神经组织由什么组成？

问题2.每个神经元的树突和轴突数量都一样吗？

问题3.树突有什么功能和特点？

问题4.轴突有什么功能和特点？它的长度与什么有关？

问题5.根据突起的多少，可将神经元分为哪几种类型？

形分为两支,一支分布到**外围**的其他组织和器官,称**周围突**,另一支进入中枢神经系统,称**中枢突**。

在中枢神经系统,神经元胞体聚集的部分,于新鲜**标本**上呈灰色,故**名灰质**。位于脑表层的灰质,称为**皮质**。神经元的突起,特别是**外表被**以髓鞘的神经纤维聚集在一起,有白色**光泽**,称为**白质**。

问题6.灰质、皮质和白质有什么不同?

突触是神经元传递信息的重要结构,它是神经元与神经元之间,或神经元与非神经细胞之间的一种**特化**的细胞连接,通过它的传递作用**实现**细胞与细胞之间的**通信**。在神经元之间的连接中,最**常见**的是一个神经元的轴突终末与另一个神经元的树突、树突棘或胞体连接,分别构成轴—树、轴—棘和轴—体突触。此外还有轴—轴和树—树突触等。

问题7.什么是突触?它有哪些类型?

三、课文图例

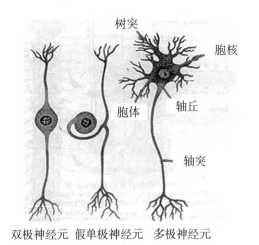

双极神经元 假单极神经元 多极神经元

图1 神经元的类型

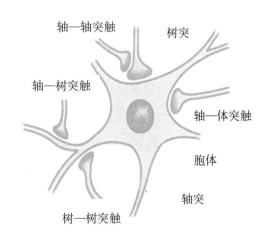

图2 突触的类型

 四、注释

1. 中枢神经系统

　　是神经系统的主要部分,包括脑和脊髓(medulla spinalis),主管全身感觉运动和条件反射、非条件反射等。

2. 周围神经系统

　　指中枢神经系统以外的神经组织,分布在全身皮肤、肌肉、内脏等处。

3. Adj./V. + 者

　　"者",助词,用在形容词、动词或形容词性、动词性词组后面,表示有这种属性的人或事物。如:长者、短者、老者、少者、患者。

4. V. + 以(被以髓鞘)

　　这是一种书面语的表达方式。"以",介词,跟在单音节动词后面,表示用什么来做这个动作行为。如"被以髓鞘",意思就是"用髓鞘覆盖"。

 五、练习

(一)听与读

　　神经组织　中枢神经系统　周围神经系统　神经细胞　神经胶质细胞
　　神经元　多极神经元　双极神经元　假单极神经元　树突　树突棘
　　轴突　周围突　中枢突　轴丘　突触　标本　灰质　皮质　白质　髓鞘

(二)根据课文内容用下面汉字组成术语

　　突:(　　　)(　　　)(　　　)(　　　)
　　神经:(　　　)(　　　)(　　　)(　　　)
　　质:(　　　)(　　　)(　　　)

(三) 给下面词语写上拼音

中枢　　　终末　　　树突棘　　　突触

轴丘　　　髓鞘

(四) 学习下列术语的结构,并用对应格式写出意思一致的术语

1. 形状+形状:

(1) 神经元的树状突起——

(2) 神经元的轴状突起——

(3) 神经元树突上的棘状突起——

(4) 神经元胞体发出轴突的部位,呈圆锥形——

2. 特点+中心语:

(1) 有多个树突和一个轴突的神经元——

(2) 有一个树突和一个轴突的神经元——

(3) 从胞体发出一个突起,距胞体不远又分为两支的神经元——

3. 颜色+中心语:

(1) 中枢神经系统中呈灰色的神经元胞体聚集部分——

(2) 中枢神经系统中呈白色的神经元突起聚集部分——

4. 形状+特点:

神经元之间或神经元与非神经元之间通过突起进行的细胞连接——

5. 物质+形状:

包在神经元轴突外面的一层膜——

(五) 解释下面画线词语对应的意思

1. 神经元细胞亦称神经元。

亦:

2. 神经元的形态多种多样,但均可分为胞体和突起两部分。

均:

3. 通常一个神经元有一个至多个树突。

至:

4. 假单极神经元从胞体发出一个突起,距胞体不远又呈"T"形分为两支。

距:

5. 树突棘和树突使神经元的接受面<u>大为扩大</u>。

　　大为扩大：

6. 轴突通常<u>自</u>胞体发出。

　　自：

7. 轴突的长短不一,短者<u>仅</u>　<u>数</u>微米。

　　仅：　　　　　　数：

(六) 根据课文内容填空

1. 神经系统分_____和周围神经系统。
2. 神经元突起又分树突和_____两种。
3. _____可接受刺激并将冲动传向_____。_____将冲动从胞体传向终末。
4. 在中枢神经系统,神经元胞体聚集的部分称_____。
5. _____是神经元与神经元之间,或神经元与非神经细胞之间的一种特化的细胞连接。
6. 在神经元之间的连接中,最常见的是一个神经元的_____与另一个神经元的树突、树突棘或_____连接。

(七) 根据课文内容回答问题

1. 用表格比较树突和轴突在形态和功能上有哪些不同。
2. 周围突和中枢突有什么不同?

(八) 课堂活动

1. 画出形状:树状、细索状、棘状、T形、圆锥形。
2. 一组同学描述神经元突起的功能或特点,另一组同学说出神经元突起的名称。
3. 一组同学描述神经元的特点,另一组同学说出神经元的名称。

眼球的结构

普通词语

1. 外壳	wàiké	名	shell：眼球~	
2. 瓷白色	cíbáisè	名	像瓷一样的白色，不透明：呈~	
3. 质地	zhìdì	名	某种材料结构的性质。quality：~柔软	
4. 环板状	huánbǎnzhuàng	名	环形板的形状，中间有孔：呈~	
5. 夹	jiā	动	press from both sides：~角	
6. 放射状	fàngshèzhuàng	名	从中心一点向周围伸展出去的形状。radial pattern：呈~	
7. 渐	jiàn	副	逐渐，慢慢地。	
8. 平坦	píngtǎn	形	没有高低凹凸。flat：很~	
9. 终止	zhōngzhǐ	动	结束，停止：生命~	
10. 细丝状	xìsīzhuàng	名	filamentous pattern：呈~	
11. 松弛	sōngchí	形	松散，不紧张。loose：皮肤~	
12. 紧张	jǐnzhāng	形	机体或物体受到拉力或压力以后所呈现的状态（反义词：松弛）。tight：肌肉~	
13. 曲度	qūdù	名	物体弯曲的程度。camber：~比较大	
14. 视力	shìlì	名	视网膜分辨影像的能力。vision：~很好	
15. 填充	tiánchōng	动	填补某个空间。fill：用红色~	

16. 交界	jiāojiè	动	两地相连,有共同的边界。border on:~处
17. 敏感	mǐngǎn	形	生理上或心理上对外界事物反应很快。sensitive:~区域
18. 缺乏	quēfá	动	所需要的事物没有或不够。lack:~红细胞
19. 浑浊	húnzhuó	形	水、空气等含有杂质,不清洁,不新鲜,不透明。muddy:~的水
20. 充盈	chōngyíng	动	充满。full:~于……内
21. 导出	dǎochū	动	引导出去:~尿液
22. 若	ruò	连	如果。
23. 导致	dǎozhì	动	引起(不好的结果):~死亡

专业词语

1. 眼球	yǎnqiú	名	eyeball
2. 眼眶	yǎnkuàng	名	eye socket
3. 眼球壁	yǎnqiúbì	名	wall of eyeball
4. 内容物	nèiróngwù	名	content
5. 纤维膜	xiānwéimó	名	fibrous membranes
6. 血管膜	xuèguǎnmó	名	vascular tunica
7. 视网膜	shìwǎngmó	名	retina
8. 晶状体	jīngzhuàngtǐ	名	lens
9. 玻璃体	bōlitǐ	名	vitreous body
10. 房水	fángshuǐ	名	aqueous humor
11. 角膜	jiǎomó	名	cornea
12. 巩膜	gǒngmó	名	sclera
13. 虹膜	hóngmó	名	iris
14. 睫状体	jiézhuàngtǐ	名	ciliary body
15. 脉络膜	màiluòmó	名	choroid

16. 盲部	mángbù	名	视网膜中不能感光的部分。pars caeca
17. 视部	shìbù	名	视网膜中能感光的部分。
18. 瞳孔	tóngkǒng	名	pupil
19. 前房	qiánfáng	名	atria
20. 后房	hòufáng	名	posterior chamber
21. 睫状突	jiézhuàngtū	名	ciliary process
22. 锯齿缘	jùchǐyuán	名	ora serrata
23. 睫状小带	jiézhuàng xiǎodài	名	ciliary zonule
24. 玻璃膜	bōlimó	名	glassy membrane
25. 感光	gǎnguāng	动	物体受光的照射引起物理或化学变化。sensitize
26. 黄斑	huángbān	名	macula lutea
27. 视神经乳头	shìshénjīng rǔtóu		papilla of optic nerve
28. 视盘	shìpán	名	optic disc
29. 盲点	mángdiǎn	名	blind spot
30. 白内障	báinèizhàng	名	cataract
31. 眼压	yǎnyā	名	intraocular pressure
32. 青光眼	qīngguāngyǎn	名	glaucoma

二、课文

　　眼球位于**眼眶**内，由**眼球壁**和眼球**内容物**构成。眼球的**外壳**称眼球壁，从外至内分为**纤维膜**、**血管膜**和**视网膜**。眼球内容物有**晶状体**、**玻璃体**和**房水**。

　　从眼球前部至后部，纤维膜分为**角膜**与**巩膜**；血管膜分为**虹膜**基质、**睫状体**基质与**脉络膜**；视网膜分为**盲部**与**视部**。

　　角膜呈透明的圆盘状，略向前方突出，边缘

问题1.说说眼球的结构。

与巩膜相连。巩膜呈**瓷白色**,**质地坚硬**。

虹膜位于角膜后方,为**一环板状**薄膜,中央为**瞳孔**。虹膜与角膜之间的腔隙称**前房**,虹膜与玻璃体之间的腔隙称**后房**,两者通过瞳孔相通。虹膜的根部与睫状体相连,与角膜缘所**夹**之角称前房角。

睫状体位于虹膜与脉络膜之间,前段肥厚并伸出**放射状**的**睫状突**,后段**渐平坦**,**终止于锯齿缘**。睫状体与晶状体之间通过**细丝状**的**睫状小带**相连。睫状肌收缩时,睫状小带松弛;反之,则**紧张**,借此使晶状体的位置和**曲度**发生改变,从而对**视力**进行调节。

脉络膜为血管膜的后三分之二部分,**填充**在巩膜与视网膜之间,是富含血管和色素细胞的疏松结缔组织。脉络膜的最内层称**玻璃膜**。

视网膜的盲部包括虹膜上皮和睫状体上皮,不能**感光**。视部能感光,与盲部**交界**处呈锯齿状,称锯齿缘。通常说的视网膜指的是视部。视网膜后极部有一浅黄色区域,称**黄斑**,其中央有一小凹称中央凹。中央凹处视网膜最薄,是视觉最**敏感**的区域。视神经穿出眼球的部分,位于黄斑的鼻侧,称**视神经乳头**,又称**视盘**,此处**缺乏**视细胞,故又称**盲点**。

晶状体是一个具有弹性的双凸透明体,内无血管和神经,营养由房水供给。老年人晶状体的弹性减弱,透明度往往降低,甚至**浑浊**,称老年性**白内障**。

玻璃体位于晶状体和视网膜之间,为无色

问题2.说说睫状体的结构和特点。

问题3.视神经从哪儿穿出眼球?

问题4.视神经乳头、视盘、盲点指的是同一个结构吗?

问题5.晶状体有什么特点?

透明的胶状物，其中水分占99%。

房水由睫状体分泌产生，**充盈**于眼房内，为含少量蛋白质的透明液体。房水从后房经瞳孔至前房，最终从巩膜静脉**导出**。房水的产生和排出保持动态平衡，使**眼压**维持正常，并有营养晶状体和角膜等作用。**若**房水排出受阻，眼压增高，则**导致**青光眼。

问题6.房水是如何产生和导出的？

三、课文图例

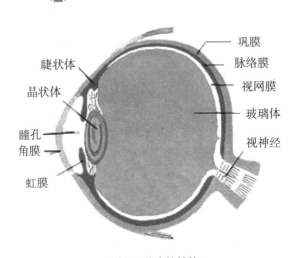

图1　眼球的结构

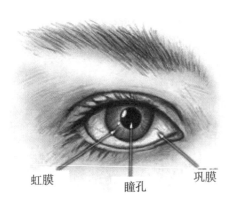

图2　虹膜、巩膜和瞳孔

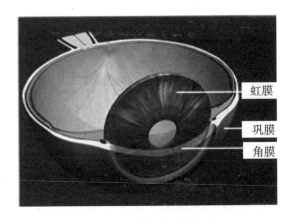

图3　虹膜、巩膜和角膜

四、练习

(一) 听与读

眼球　眼球壁　纤维膜　血管膜　视网膜　角膜　巩膜　虹膜
脉络膜　睫状体　盲部　盲点　视部　房水　晶状体　玻璃体
玻璃膜　瞳孔　前房　后房　睫状突　睫状小带　视力
视神经乳头　视盘　白内障　眼压　青光眼

(二) 根据课文内容用下面的汉字组成术语

膜：(　　　)(　　　)(　　　　)(　　　　)

体：(　　　)(　　　)

状：(　　　)(　　　)(　　　　)

部：(　　　)(　　　)

(三) 根据下面词语画出对应的形状

圆盘状　　环板状　　放射状　　锯齿状　　细丝状　　双凸

(四) 根据课文内容标出下列位置对应的术语名称

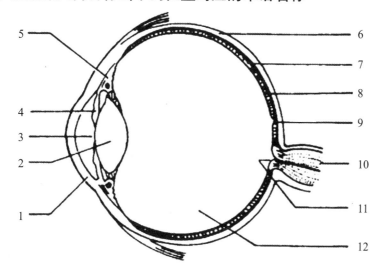

（五）用下列结构解释指定的术语

1. 由……构成

    眼球：

2. 从……至……，……分为……

    眼球壁：

    纤维膜：

    视网膜：

3. 呈……状/色

    角膜：

    巩膜：

    虹膜：

    睫状突：

    睫状小带：

    锯齿缘：

    晶状体：

4. 位于……之间

    前房：

    后房：

    睫状体：

    睫状小带：

    玻璃体：

（六）写出下面词语的反义词

视部——　　　　　　　松弛——

前房——　　　　　　　增高——

（七）根据课文内容回答问题

1. 眼球内的哪个结构有调节视力的功能？如何调节视力？

2. 视觉最敏感的区域在哪儿？为什么？

3. 简单说明患下列疾病的原因：

    老年性白内障

    青光眼

（八）写出课文各段的主要内容

（九）课堂活动

看本课图 1，互相说说眼球的结构。

免疫系统和淋巴细胞

普通词语

1. 防御	fángyù	动	不让外面的人或东西进入。defense:~性结构
2. 各处	gè chù		各个地方:全身~
各	gè	代	每:~个
3. 清除	qīngchú	动	全部去掉:~病毒
4. 侵入	qīnrù	动	(外来的或有害的物质)进入(内部):~机体
5. 监护	jiānhù	动	仔细观察并护理:~室
6. 核心	héxīn	名	中心,主要部分:~成分
7. 标志	biāozhì	名	显示特征的记号:表面~
8. 复杂	fùzá	形	数量或种类较多,不简单:功能~
9. 减弱	jiǎnruò	动	使变弱:功能~
10. 增殖	zēngzhí	动	生物产生新的个体。breed, reproduce
11. 杀伤	shāshāng	动	使人或动物失去生命或者生命受到伤害:~细胞
12. 较	jiào	介	比:A~B略大
13. 寿命	shòumìng	名	活着的时间:~很短
14. 约	yuē	副	大概,左右:~5周
15. 个体	gètǐ	名	单个的人或生物:不同~
16. 高度	gāodù	形	程度很高的:具有~的特异性
17. 孪生	luánshēng	形	(两人)同一胎出生的:~姐妹
18. 因而	yīn'ér	连	表示结果,相当于"所以"。
19. 排斥	páichì	动	使别的人或事物离开自己:~反应

第七课 免疫系统和淋巴细胞

专业词语

1. 免疫	miǎnyì	动	由于具有抵抗力而不患某种传染病。immuno
2. 淋巴细胞	línbā xìbāo		白细胞的一种,主要由骨髓产生。lymphocyte
3. 淋巴器官	línbā qìguān		主要包括胸腺、淋巴结、脾和扁桃体。lymphoid organ
4. 淋巴组织	línbā zǔzhī		lymphoid tissue（见注释1）
5. 抗原呈递细胞	kàngyuán chéngdì xìbāo		能加工处理抗原并将其传递给T、B淋巴细胞的一类免疫细胞。antigen presenting cell, APC
呈递	chéngdì	动	递送,传送。
6. 微生物	wēishēngwù	名	形体非常小,结构很简单,分布很广,繁殖很快的生物,如细菌、病毒等。microbe
7. 异体	yìtǐ	动	一般指同一物种的不同个体。allosome
8. 肿瘤	zhǒngliú	名	tumour
9. 病毒	bìngdú	名	virus
10. 感染	gǎnrǎn	动	细菌、病毒等侵入机体,在体内生长繁殖引起病变。infect:病毒~
11. 胸腺依赖淋巴细胞	xiōngxiàn yīlài línbā xìbāo		来源于骨髓,在胸腺内发育成熟的淋巴细胞。简称T细胞。thymus dependent lymphocyte
12. 骨髓依赖淋巴细胞	gǔsuǐ yīlài línbā xìbāo		由骨髓中的造血干细胞分化发育而来的淋巴细胞。简称B细胞。bone-marrow dependent lymphocyte
13. 大颗粒淋巴细胞	dàkēlì línbā xìbāo		large granular lymphocyte (LGL)

49

14. 特异性抗原受体	tèyìxìng kàngyuán shòutǐ		T cell antigen specific receptor
15. 亚群	yàqún	名	一个群体的次一级。subgroup
16. 辅助性T细胞	fǔzhùxìng T xìbāo		T_H细胞。helper T cell
辅助	fǔzhù	动	帮助：~性
17. 因子	yīnzǐ	名	主要由淋巴细胞分泌，能调节细胞功能的小分子多肽。cytokine
18. 体液免疫应答	tǐyè miǎnyì yìngdá		humoral immune response
体液	tǐyè	名	身体细胞内和组织间的液体。body fluid
免疫应答	miǎnyì yìngdá		是机体免疫系统对抗原刺激所产生的以排除抗原为目的的生理过程。immune response
19. 细胞免疫应答	xìbāo miǎnyì yìngdá		cellular immune response
20. 抑制性T细胞	yìzhìxìng T xìbāo		T_S细胞。
抑制	yìzhì	动	控制：有~作用
21. 细胞毒性T细胞	xìbāo dúxìng T xìbāo		T_C细胞。
毒性	dúxìng	名	对生物体有害的特性：细胞~
22. 异抗原	yìkàngyuán	名	抗原的一种。这种抗原要跟一个蛋白质结合才会引起免疫反应。hetero antigen
23. 效应性T_C细胞	xiàoyìngxìng T_C xìbāo		在异抗原的刺激下增殖形成的T_C细胞。effector T_C
效应	xiàoyìng	名	物理或化学作用产生的效果。effect

24. 靶细胞	bǎxìbāo	名	某种细胞成为另外的细胞或抗体的攻击目标时,前者就叫后者的靶细胞。target cell
25. 浆细胞	jiāngxìbāo	名	plasmocyte
26. 组织相容性抗原	zǔzhī xiāngróngxìng kàngyuán		MHC
相容性	xiāngróngxìng	名	两种或两种以上物质混合或结合时不产生排斥现象的特性。compatibility
27. 卵	luǎn	名	动植物的雌性生殖细胞。ovum
28. 移植	yízhí	动	医学上指通过手术用健康的器官换下有病的器官。transplanting

二、课文

　　免疫系统是机体保护自身的**防御**性结构,主要由**淋巴器官**、其他器官内的**淋巴组织**和全身**各处**的淋巴细胞、**抗原呈递细胞**等组成。免疫系统的功能主要有两方面,一是识别和**清除侵入**机体的**微生物**、**异体**细胞或大分子物质(抗原);二是**监护**机体内部的稳定性,清除表面抗原发生变化的细胞,如**肿瘤**细胞和**病毒感染**的细胞等。

　　淋巴细胞是构成免疫系统的**核心**成分。根据表面**标志**、形态结构和功能表现的不同,一般将淋巴细胞分为三类:**胸腺依赖淋巴细胞**(简称T细胞)、**骨髓依赖淋巴细胞**(简称B细胞)、**大颗粒淋巴细胞**(简称LGL)。

问题1.免疫系统主要由什么组成?它主要有什么功能?

问题2.淋巴细胞有哪几类?这几类划分的根据是什么?

T细胞是淋巴细胞中数量最多、功能最**复杂**的一类。T细胞体积小，胞质很少，一侧胞质内常有数个溶酶体，细胞表面有**特异性抗原受体**。T细胞可分为三个**亚群**：①**辅助性**T细胞，即T_H细胞，能识别抗原，分泌多种淋巴**因子**，辅助B细胞产生**体液免疫应答**，又能辅助T细胞产生**细胞免疫应答**；②**抑制性**T细胞，即T_S细胞，常在免疫应答的后期增多，它分泌的抑制因子可**减弱**或抑制免疫应答；③**细胞毒性**T细胞，即T_C细胞，是细胞免疫应答的主要成分，能在**异抗原**的刺激下**增殖**形成大量**效应性**T_C**细胞**，特异性地**杀伤靶细胞**。

B细胞常**较**T细胞略大，胞质内溶酶体少见，含少量粗面内质网，细胞表面的标志主要是有许多膜抗体(特异性抗原受体)。B细胞受抗原刺激后增殖分化形成大量**浆细胞**，分泌抗体进入血液，从而清除相应的抗原，此为体液免疫应答。

LGL常较T、B细胞大，胞质较丰富，含许多散在的溶酶体。LGL**寿命约**数周，细胞表面无特异性抗原受体。

免疫系统在识别机体自身和非自身的细胞或抗原中有两类细胞表面的结构特别重要。一类是T细胞和B细胞表面的特异性抗原受体；另一类是**组织相容性抗原**，又称MHC抗原。MHC抗原在不同种动物之间以及同种动物不同**个体**之间均有所不同，故具有**高度**的特异性，但**卵性孪生儿**及同一个体的所有细胞的MHC抗原则是相同的；**因而异体移植**的组织或器官均会引起机体的**排斥**反应。

问题3.T细胞表面有什么标志？

问题4.T细胞可分为哪几类？它们分别有什么功能？

问题5.B细胞表面有什么标志？

问题6.B细胞有什么功能？

问题7.LGL表面有标志吗？

问题8.为什么异体移植的器官或组织会引起机体的排斥反应？

三、课文图例

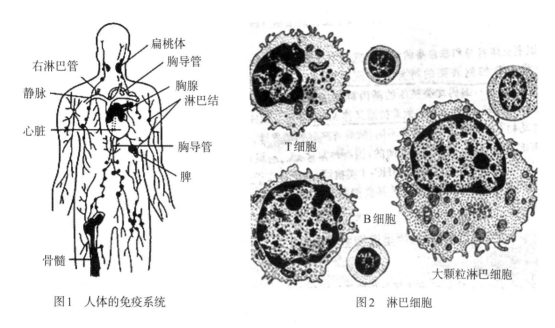

图1 人体的免疫系统　　　　图2 淋巴细胞

四、注释

1. 淋巴组织

是一种含大量淋巴细胞的网状组织,是构成胸腺、脾、淋巴结和扁桃体的主要组织,并分布于某些器官的黏膜中,其中以消化管和呼吸管道最丰富。淋巴组织的细胞类型和数量因所在部位和免疫功能状态有明显的差异。淋巴组织又称免疫组织。

2. 免疫应答

指在抗原的刺激下,机体免疫系统产生的以排除抗原为目的的生理过程。包括免疫活性细胞(T淋巴细胞、B淋巴细胞)识别抗原,产生应答(活化、增殖、分化等)并将抗原破坏和清除的全过程。免疫应答有特异性和记忆性。

根据主导免疫应答的活性细胞类型,可将免疫应答分为体液免疫和细胞免疫两大类。体液免疫是B细胞介导的免疫应答,B细胞在抗原刺激下增殖形成的浆细胞分泌出大量抗体进入血液循环,抗体与抗原结合后清除抗原,或者刺激巨噬细胞加速吞噬抗原。B细胞这种清除抗原的过程叫体液免疫。细胞免疫是T细胞介导的免疫应答,效应T细胞能直接与靶细胞特异性结合,导致靶细胞破裂死亡。T细胞这种清除靶细胞的过程叫细胞免疫。

3. 较

　　介词,表示比较,用来比较形状、性质、数量、程度等,相当于"比"。书面语。如:
(1)轴突的直径～树突的均一。
(2)B细胞常～T细胞略大。

4. 浆细胞

　　是B细胞在抗原刺激下分化增殖而形成的一种不再有分化增殖能力的终末细胞。它是免疫系统的主要细胞。浆细胞能分泌大量特异抗体进入血液循环。

五、练习

(一)听与读

　　免疫系统　淋巴组织　淋巴器官　淋巴细胞　抗原呈递细胞　浆细胞
　　异体细胞　肿瘤细胞　靶细胞　效应性Tc细胞　表面抗原　异抗原
　　膜抗体　特异性抗原受体　淋巴因子　免疫应答　体液免疫应答
　　细胞免疫应答　异体移植　排斥反应

(二)根据下面的解释写出对应的术语

　　例:位于细胞膜上的抗体:膜抗体
1. 能加工处理抗原并将其传递给T、B淋巴细胞的一类免疫细胞:
2. 同一物种不同个体的细胞:
3. 来源于骨髓,在胸腺内发育成熟的淋巴细胞:
4. 由骨髓中的造血干细胞分化发育而来的淋巴细胞:
5. 能辅助B细胞产生体液免疫应答,也能辅助T细胞产生细胞免疫应答的细胞:
6. 能分泌抑制因子减弱或抑制免疫应答的细胞:

7. 能在异抗原刺激下大量形成,特异性地杀伤靶细胞的细胞:
8. B细胞介导的免疫应答:
9. T细胞介导的免疫应答:
10. 在一卵孪生和同一个体的所有细胞都相同,但在不同种动物间及同种动物不同个体间均有所不同的抗原:

(三) 解释下面画线词语的意思

1. LGL常<u>较</u>₁T、B细胞大,胞质<u>较</u>₂丰富,含许多散在的溶酶体。
    较₁: 较₂:

2. LGL寿命约<u>数</u>周,细胞表面<u>无</u>特异性抗原受体。
    数周: 无:

3. MHC抗原在不同种动物之间<u>以及</u>同种动物不同个体之间<u>均</u>有所不同,<u>故</u>具有<u>高度</u>的特异性。
    以及: 均: 故: 高度:

4. 一卵性孪生儿<u>及</u>同一个体的<u>所有</u>细胞的MHC抗原则是相同的;<u>因而</u>异体移植的组织或器官均会引起机体的排斥反应。
    及: 所有: 因而:

(四) 将下面能搭配的词语用线连接起来

清除   淋巴因子
侵入   机体
分泌   抗原
抑制   免疫反应
杀伤   靶细胞

（五）根据课文内容完成下列表格

三类淋巴细胞的特点

特点 淋巴细胞	体积	胞质	溶酶体	细胞表面标志	其他特点
T细胞					
B细胞					
LGL					

（六）根据课文内容填空

1. 免疫系统包括淋巴器官、淋巴组织、淋巴细胞和_____。
2. T细胞的汉语名称叫_____。
3. 根据表面标志、形态结构和功能表现,淋巴细胞分为_____
   _____三类。
4. T细胞和B细胞表面都有_____,但LGL没有。
5. T_H细胞既能辅助B细胞产生_____,又能辅助T细胞
   产生 _____。
6. T_C细胞是_____的主要成分,能在_____的
   刺激下增殖形成大量_____,特异性地杀伤
   _____。

（七）根据课文内容回答问题

1. T细胞与B细胞有什么不同？
2. 什么是体液免疫应答？

（八）课堂活动

　　三人一组,一位同学说出T细胞的特点或功能,其他同学说出T细胞亚群的名称,看谁说得又快又准。

消化管

普通词语

1. 膨大	péngdà	动	体积增大：~的部分
2. 续	xù	动	连接在某物体的后边：上~食管
3. 连	lián	动	连接：下~消化管
4. 吸收	xīshōu	动	摄取对自身有好处的成分。absorb：~养分
5. 场所	chǎngsuǒ	名	地方：主要~
6. 相接	xiāngjiē	动	互相连接：A与B~
7. 排泄	páixiè	动	把没有用的东西排出体外：~物
8. 残渣	cánzhā	名	食物被机体吸收后剩下的没有用的东西。residue：食物~
9. 附有	fùyǒu	动	在所说的主要内容外还有。
10. 界于……之间	jièyú……zhījiān		在……之间：A界于B和C之间
11. 差异	chāyì	名	事物之间不同的地方。difference：结构~
12. 依……而异	yī……ér yì		按照/根据……而不一样。
13. 其余	qíyú	代	剩下的。the rest：~部分
14. 下陷	xiàxiàn	动	向下或向内凹进去：上皮~
15. 运行	yùnxíng	动	循环地运动、行动、流动：血液~
16. 利于	lìyú	动	对……有利：~吸收
17. 丛	cóng	名	聚集在一起的东西：神经~

| 18. 界限 | jièxiàn | 名 | 不同事物的分界。boundary line：~明显 |

专业词语

1. 消化管	xiāohuàguǎn	名	digestive canal
2. 肛门	gāngmén	名	anus
3. 咽	yān	名	pharynx
4. 食管	shíguǎn	名	gullet
5. 胃	wèi	名	stomach
6. 小肠	xiǎocháng	名	small intestine
7. 大肠	dàcháng	名	large intestine
8. 贲门	bēnmén	名	食管与胃的连接处，是胃上端的口。preventriculus
9. 幽门	yōumén	名	胃与小肠的十二指肠相连的部分，是胃下端的口。pylorus
10. 胃液	wèiyè	名	胃腺分泌的消化液。gastric juice
11. 腹腔	fùqiāng	名	腹部的腔，内有胃、肠、肝、胰、脾、肾等器官。enterocoelia
12. 十二指肠	shí'èrzhǐcháng	名	小肠的第一段，上接胃，下接空肠，长度约等于成人十二个手指的宽度。duodenum
13. 空肠	kōngcháng	名	小肠的一段，在十二指肠与回肠之间。消化力很强，腔内常呈排空状态。jejunum
14. 回肠	huícháng	名	小肠的一段，在空肠与盲肠之间，形状弯曲。ileum
15. 盲肠	mángcháng	名	大肠的一段，上接回肠，下连结肠，下端有阑尾。cecum
16. 结肠	jiécháng	名	大肠的中段，在盲肠和直肠之间。colon

17. 直肠	zhícháng	名	大肠的最末段,上接结肠,下通肛门。rectum	
18. 肛管	gāngguǎn	名	直肠末端通肛门的部分,也叫肛道。anal tube	
19. 阑尾	lánwěi	名	盲肠下端的尾状突起,长约7至9厘米。appendix	
20. 升结肠	shēngjiécháng	名	ascending colon	
21. 横结肠	héngjiécháng	名	transverse colon	
22. 降结肠	jiàngjiécháng	名	descending colon	
23. 乙状结肠	yǐzhuàng jiécháng		sigmoid colon	
24. 临床	línchuáng	动	医学上指医生给病人诊断和治疗。	
25. 上消化道	shàng xiāohuàdào		消化道中口腔至十二指肠的一段。	
26. 下消化道	xià xiāohuàdào		消化道中空肠以下的部分。	
27. 黏膜	niánmó	名	指口腔、鼻腔、肠管等腔面上湿润的膜。tunica mucosa	
28. 固有层	gùyǒucéng	名	消化管黏膜的组成之一。lamina propria	
29. 腺体	xiàntǐ	名	动物机体内能够分泌特殊物质的组织。gland	
30. 胃腺	wèixiàn	名	胃黏膜上皮凹陷而形成的腺体及其分泌的消化液。gastric gland	
31. 肠腺	chángxiàn	名	散布在小肠壁上的微小腺体。intestinal gland	
32. 分泌物	fēnmìwù	名	分泌出来的东西。	
33. 食管腺	shíguǎnxiàn	名	散布在食管壁上的小腺体。esophageal gland	
34. 十二指肠腺	shí'èrzhǐchángxiàn	名	位于十二指肠段的黏液腺。duodenal gland	

35. 骨骼肌	gǔgéjī	名	动物肌肉的一种,主要分布于四肢。人体大约有600多块骨骼肌。skeletal muscle
36. 内环肌	nèihuánjī	名	内层的环形肌。
37. 外纵肌	wàizòngjī	名	外层的纵行肌。
38. 间皮	jiānpí	名	上皮组织中的单层扁平上皮。mesothelium
39. 浆膜	jiāngmó	名	衬贴于体腔壁和覆盖于内脏器官表面的薄膜。serosa

二、课文

消化管是从口腔至肛门的连续性管道,依次分为口腔、咽、食管、胃、小肠、大肠。

胃是消化管的膨大部分,上续食管,下连小肠。食管与胃的连接处称贲门,胃与小肠的连接处称幽门。胃有收纳食物,分泌胃液进行消化的功能。

问题1.胃的位置在哪儿?有什么功能?

小肠是食物消化与吸收的主要场所,盘曲于腹腔内,为消化管的最长部分,分为十二指肠、空肠和回肠三部分。小肠上续幽门,下与大肠相接。

问题2.小肠的位置在哪儿?有什么功能?

大肠包括盲肠、结肠、直肠和肛管四部分,具有吸收水分和排泄食物残渣的功能。盲肠后内侧壁附有阑尾。结肠界于盲肠和直肠之间,呈"门"形围绕于空、回肠周围。按结肠的位置和形态可分为升结肠、横结肠、降结肠和乙状结肠四部分。

问题3.大肠分为哪几部分?有什么功能?

问题4.结肠的位置在哪儿?可分为哪几部分?

临床上常把从口腔至十二指肠的一段称为

上消化道；空肠及以下的部分则称为**下消化道**。

消化管除口腔与咽外，自内向外均分为**黏膜**、**黏膜下层**、**肌层与外膜四层**。

黏膜由上皮、**固有层**和黏膜肌层组成，是消化管各段结构**差**异最大、功能最重要的部分。上皮的类型**依**部位**而异**，消化管的两端（食管及肛门）为复层扁平上皮，以保护功能为主；**其余**部分均为单层柱状上皮，以消化吸收功能为主。固有层为结缔组织，内含丰富的血管、淋巴管和淋巴组织，有些部位的固有层内含有上皮**下陷**分化形成的**小腺体**，如**胃腺**和**肠腺**等。黏膜肌层为薄层平滑肌，其收缩可使黏膜活动，促进固有层内的腺体**分泌物**排出和血液**运行**，利于物质吸收。

黏膜下层由疏松结缔组织组成，内含较大的血管与淋巴管，还有黏膜下神经**丛**，可调节黏膜肌的收缩和腺体的分泌。在食管及十二指肠的黏膜下层分别有**食管腺和十二指肠腺**。

肌层除食管上段与肛门处为**骨骼肌**外，其余大部均为平滑肌。肌层一般分为**内环肌**和**外纵肌**两层，可调节肌层的运动。

外膜由薄层结缔组织构成者称纤维膜，主要分布于食管和大肠末段，与周围组织无明显**界限**。由薄层结缔组织与**间皮**共同构成者称**浆膜**，见于腹膜内位的胃、大部分小肠与大肠，其表面光滑，利于胃肠活动。

问题5.消化管各段黏膜上皮的结构和功能有什么差异？

问题6.黏膜的哪个结构含有小腺体？

问题7.黏膜肌层有什么功能？

问题8.消化管黏膜下层里的神经丛有什么功能？

三、课文图例

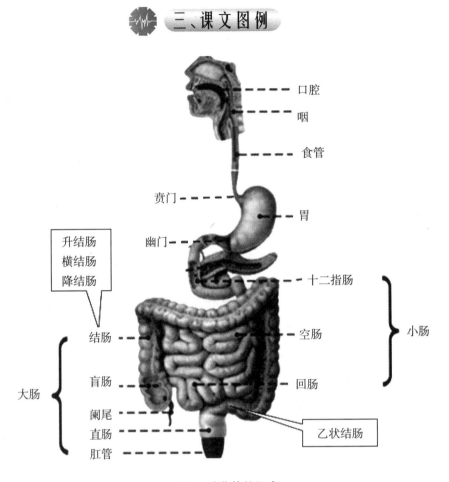

图1　消化管的组成

四、注释

1. 包括—包含

两个词都表示含有。但"包含"常指事物的内部关系,"包括"主要从数量、范围方面指出含有的各部分或某一部分。如:

(1) 神经元的树突包含很多分支。(×包括)

(2) 神经元的突起包括树突和轴突。(×包含)

2. 依……而异

固定格式,表示根据……而不一样。"依"的意思是根据、按照、依照。"异"的意思是不同、差异。"而"是连词,把状语连接到动词前边。如:

(1) 神经元轴突的长短依胞体的大小而异,胞体越大,轴突越长。

(2) 上皮的类型依部位而异。

五、练习

(一) 听与读

消化管　肛门　口腔　咽　食管　贲门　胃　幽门　小肠　大肠
十二指肠　空肠　回肠　盲肠　结肠　直肠　肛管　肛门　腹腔
阑尾　升结肠　横结肠　降结肠　乙状结肠　上消化道　下消化道
腺体　胃腺　肠腺　食管腺　十二指肠腺　神经丛　骨骼肌　内环肌
外纵肌　间皮　浆膜

(二) 根据课文内容填空

1. 消化管是从口腔至＿＿＿＿＿的连续性管道,依次分为口腔、＿＿＿＿＿、食管、＿＿＿＿＿、小肠、＿＿＿＿＿。

2. 胃上续＿＿＿＿＿,下连＿＿＿＿＿。

3. 胃与小肠的连接处称＿＿＿＿＿。

4. 小肠分为十二指肠、＿＿＿＿＿和＿＿＿＿＿三部分。

5. 大肠具有＿＿＿＿＿水分和＿＿＿＿＿食物残渣的功能。

6. 结肠界于＿＿＿＿＿和直肠之间。

7. 消化管管壁结构除口腔与咽外,自内向外均分为＿＿＿＿＿、黏膜下层、＿＿＿＿＿与外膜四层。

8. 黏膜肌层收缩可使黏膜活动,促进＿＿＿＿＿内的腺体分泌物排出。

(三) 用指定格式说明消化管结构的位置

1) 上续……,下连……

食管:

胃:

小肠:

贲门:

幽门:

2）界于……之间

　　空肠：

　　结肠：

　　横结肠：

（四）将可搭配的词语用线连接起来

　　围绕于　　　　而异
　　有　　　　　　外
　　界于　　　　　至
　　利于　　　　　的周围
　　依　　　　　　之间
　　以　　　　　　的功能
　　除　　　　　　组成
　　从　　　　　　为主
　　由　　　　　　物质吸收

（五）根据课文内容完成下列表格

消化管		口腔		上消化道
		食管		
	小肠			下消化道
	大肠	结肠		

（六）解释下面画线词语的意思

1. 小肠盘曲于腹腔内，为消化管的最长部分。

   于：　　　　　　为：

2. 按结肠的位置和形态可分为升结肠、横结肠、降结肠和乙状结肠四部分。

   按：　　　　　　可：

3. 上皮的类型依部位而异。

   依：　　　　　　异：

4. 消化管除口腔与咽外，自内向外均分为黏膜、黏膜下层、肌层与外膜四层。

   自：　　　　　　均：

5. 黏膜肌层为薄层平滑肌，其收缩可使黏膜活动。

   为：　　　　　　其：

（七）根据课文内容标出下列位置对应的术语名称

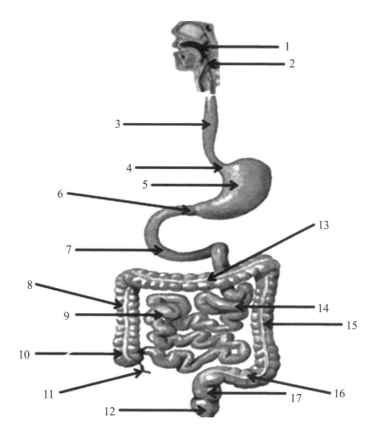

(八) 根据课文内容回答问题

1. 大肠和小肠的功能有什么不同？
2. 消化管各段黏膜上皮的结构和功能有什么差异？
3. 胃腺、肠腺、食管腺和十二指肠腺在消化管壁的哪一层？

(九) 课堂活动

1. 两人一组，根据课文内容，互相说说消化管从口腔至肛管各部分的名称。
2. 两人一组，一人说出消化管某部分的名称，另一人说出连接该部分的两个部分的名称。

第九课

肾和肾小管

一、生词

普通词语

1. 似	sì	动	像:~球状	
2. 蚕豆	cándòu	名	broad bean:~状	
3. 经	jīng	介	通过……,经过……。	
4. 冠状	guānzhuàng	名	形状像帽子或在顶上的东西:~剖面	
5. 红褐色	hónghèsè	名	bronzing:呈~	
6. 钝	dùn	形	不尖的:~圆	
7. 漏斗	lòudǒu	名	funnel:~状	
8. 底	dǐ	名	bottom:~部	
9. 辐射状	fúshèzhuàng	名	radial :呈~状	
10. 伸	shēn	动	肢体或物体的一部分展开:~出	
11. 起始	qǐshǐ	动	(从某时或某地)开始:于第5天~	
12. 囊	náng	名	袋子。	
13. 谓	wèi	动	叫,叫作。	
14. 蟠曲	pánqū	形	盘曲:~的毛细血管	
15. 突入	tūrù	动	突出、伸出并进入:~囊内	
16. 汇	huì	动	原先分开的东西合在一起:~成……	
17. 易于	yìyú	动	容易做某事:~吸收	
18. 滤	lǜ	动	使液体或气体通过有细孔的物质,从而除去杂质。口语常说"过滤":~出	
19. 滤液	lǜyè	名	过滤之后的液体。	
20. 直行	zhíxíng	动	直走:向下~	

21.	骤然	zhòurán	副	突然:~变细
22.	返折	fǎnzhé	动	返回到原来的地方:~向上
23.	袢	pàn	名	衣服上伸出来系扣子的线圈◯:U形的~
24.	原	yuán	形	原先的,以前的:~部位
25.	重	chóng	副	再:~吸收

专业词语

1.	肾	shèn	名	kidney
2.	肾小管	shènxiǎoguǎn	名	kidney tubules
3.	肾门	shènmén	名	renal hilus
4.	输尿管	shūniàoguǎn	名	ureter
5.	被膜	bèimó	名	结缔组织构成的膜。
6.	肾实质	shènshízhì	名	肾除了被膜以外的部分。renal parenchyma
7.	皮质	pízhì	名	肾实质靠近表层的部分,与髓质相对应。
8.	髓质	suǐzhì	名	肾实质靠近中心的部分,与皮质相对应。
9.	肾锥体	shènzhuītǐ	名	renal pyramid
10.	肾乳头	shènrǔtóu	名	renal papilla
11.	肾小盏	shènxiǎozhǎn	名	minor renal calices
	盏	zhǎn	名	浅而小的杯子。
12.	髓放线	suǐfàngxiàn	名	medullary ray
13.	皮质迷路	pízhì mílù		cortical labyrinth
14.	肾小叶	shènxiǎoyè	名	reniculus
15.	肾叶	shènyè	名	renal lobes
16.	肾柱	shènzhù	名	renal columns
17.	肾小囊	shènxiǎonáng	名	renal capsule
18.	血管球	xuèguǎnqiú	名	glomus
19.	肾小体	shènxiǎotǐ	名	renal corpuscle

20. 肾小球	shènxiǎoqiú	名	即肾小体。
21. 血管极	xuèguǎnjí	名	肾小体中血管进出的一端。
22. 尿极	niàojí	名	血管极的对侧,连接近曲小管的一端。
23. 原尿	yuánniào	名	最初的尿。crude urine
24. 肾单位	shèndānwèi	名	nephron
25. 近端小管曲部	jìnduān xiǎoguǎn qūbù		proximal convoluted tubule
26. 近端小管直部	jìnduān xiǎoguǎn zhíbù		proximal straight tubule
27. 细段	xìduàn	名	thin segment
28. 远端小管直部	yuǎnduān xiǎoguǎn zhíbù		straight portion of distal convoluted tubule
29. 髓袢	suǐpàn	名	medullary loop
30. 远端小管曲部	yuǎnduān xiǎoguǎn qūbù		convoluted portion of distal convoluted tubule
31. 集合小管系	jíhé xiǎoguǎn xì		collecting tubule system
32. 排泌	páimì	动	排泄和分泌。

二、课文

　　肾是人体最主要的排泄器官,形**似蚕豆**,内缘中部凹陷为**肾门**,**输尿管**、血管、神经和淋巴管**经**此出入。肾表面包以致密结缔组织构成的**被膜**。

　　肾实质分为**皮质**和**髓质**。新鲜肾的**冠状**剖面上,皮质呈**红褐色**,颗粒状。髓质由10余个**肾锥体**组成,肾锥体呈浅红色条纹状。锥体尖端**钝圆**,称**肾乳头**。肾乳头被**漏斗**状的**肾小盏**所

问题1.肾有什么功能？它的形状有什么特点？

问题2.简单说明肾实质的结构。

围绕,收集由肾乳头排出的尿液。肾锥体的**底**与皮质相连接。从肾锥体底呈**辐射状伸**入皮质的条纹称**髓放线**。位于髓放线之间的肾皮质称**皮质迷路**。每个髓放线及其周围的皮质迷路组成一个**肾小叶**;一个肾锥体与相连的皮质组成**肾叶**。位于肾锥体之间的皮质部分称为**肾柱**。

  肾小管是长而不分支的弯曲管道。每条肾小管**起始**端膨大内陷成双层的**囊**,叫**肾小囊**,并与**血管球**共同构成**肾小体**。血管球似球形,故又称**肾小球**。肾小体有两端,或**谓**两极,微动脉出入的一端称**血管极**,血管极的对侧称**尿极**。血管球是包在肾小囊中的一团**蟠曲**的毛细血管。一条入球微动脉从血管极处**突入**肾小囊内,分成4—5支,每支又再分支,继而**汇**成一条出球微动脉,从血管极处离开肾小囊。由于入球微动脉径较出球微动脉径粗,故血管球内的血压较一般毛细血管的高,大量水和小分子物质**易于滤出**管壁。滤入肾小囊腔的**滤液**称**原尿**。每个肾小体和一条与它相连的肾小管称**肾单位**。每个肾约有100万个以上的肾单位。

  肾小管的起始段在肾小体附近蟠曲走行,称**近端小管曲部**或近曲小管,继而离开皮质迷路入髓放线,从髓放线**直行**向下进入肾锥体,称**近端小管直部**。随后管径**骤然**变细,称为**细段**。细段之后管径又骤然增粗,并**返折**向上走行于肾锥体和髓放线内,称为**远端小管直部**。近端小管直部、细段和远端小管直部三者构成"U"形的袢,称**髓袢**。远端小管直部离开髓放线

问题3.简单说明肾小体的结构。

问题4.原尿是怎么产生的?

问题5.什么叫髓袢?

后,在皮质迷路内蟠曲走行于**原**肾小体附近,称为**远端小管曲部**或远曲小管,最后汇入**集合小管系**。

肾小管有**重**吸收原尿中的某些成分和**排泌**等作用。

三、课文图例

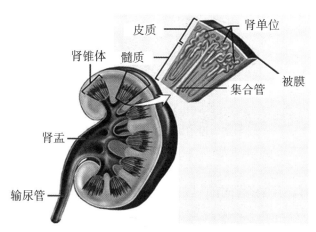

图1　肾的构成

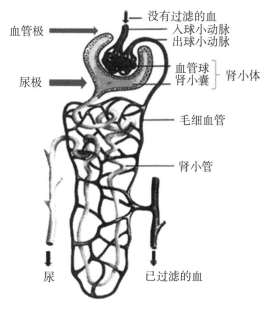

图2　肾单位的构成

四、注释

1. 易于

动词,表示容易做某事。书面语。"易于"前面常常先说明某种情况或某种方法,后面一般接动词或动词性短语,表示某种情况下或使用某种方法容易做某事。如:

(1) 这种水果～消化吸收。
(2) 血管球内较高的血压使水和小分子物质～滤出。

2. 骤然

副词,突然,忽然。书面语。常用于动词前,表示突然发生变化。如:

(1) 血压～升高。
(2) 肾小管在近端小管直部后,管径～变细。

3. 重

副词,重新,再。用在动词前。如:

(1) 血液从心脏流出,经身体各部位,最后～回心脏。
(2) 肾小管有～吸收原尿中的某些成分和排泌等作用。

五、练习

(一) 听与读

肾　肾门　输尿管　肾实质　肾锥体　肾乳头　肾小盏　髓放线
皮质迷路　肾柱　肾小囊　血管球　肾小体　肾小球　血管极
尿极　原尿　肾单位　肾小管　近端小管曲部　近端小管直部
细段　远端小管直部　髓袢　远端小管曲部　集合小管系

(二) 根据课文内容填空

1. 肾表面包以致密结缔组织构成的＿＿＿＿＿＿。
2. 肾乳头被漏斗状的＿＿＿＿＿＿所围绕,收集由＿＿＿＿＿＿排出的尿液。
3. 从肾锥体底呈辐射状伸入皮质的条纹称＿＿＿＿＿＿。

4. 位于髓放线之间的肾皮质称_____。

5. 每个髓放线及其周围的皮质迷路组成一个_____。

6. 一个肾锥体与相连的皮质组成_____。

7. 位于肾锥体之间的皮质部分称为_____。

8. 肾小体有微动脉出入的一端称_____,连接近曲小管的一端称_____。

9. 每个肾小体和一条与它相连的肾小管称_____。

10. 近端小管直部、细段和远端小管直部三者构成"U"形的袢,称_____。

(三) 解释下面画线词语的意思

1. 肾的内缘中部凹陷为肾门,输尿管、血管、神经和淋巴管经此出入。

    经: 此:

2. 肾表面包以致密结缔组织构成的被膜。

    以:

3. 每个髓放线及其周围的皮质迷路组成一个肾小叶。

    及: 其:

4. 肾小体有两端,或谓两极。

    或: 谓:

5. 由于入球微动脉径较₁出球微动脉径粗,故血管球内的血压较₂一般毛细血管的高。

    较₁: 故: 较₂:

(四) 名词解释

1. 肾小体——

2. 肾小囊——

3. 原尿——

4. 肾锥体——

(五) 根据下面词语画出对应的形状

锥体尖端钝圆   漏斗   盏

蚕豆   辐射状   蟠曲

条纹状   颗粒状   袢

(六) 根据课文内容回答问题

1. 肾小管包括哪几个部分？它有什么功能？
2. 用"继而、随后、返折、汇入"简单描述肾小管的行走路线。

(七) 写出课文各段的主要内容

(八) 课堂活动

1. 看下图,互相说说下面肾结构的位置：
【肾皮质　肾髓质　肾锥体　肾乳头　肾小盏　髓放线　皮质迷路　肾小叶　肾叶　肾柱】

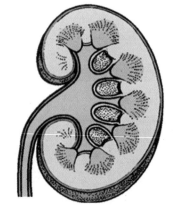

2. 看下图,互相说说肾单位的结构:

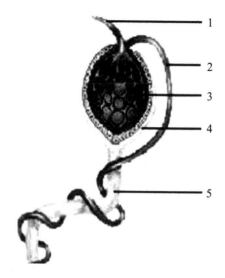

精子的发生和形成

普通词语

1. 弯曲	wānqū	形	形状不直:~的毛细血管
2. 细长	xìcháng	形	形状又小又长:毛细血管弯曲~
3. 阙如	quērú	动	(本来应该有的部分)缺少,没有:手指~
4. 发育	fāyù	动	生物体成熟前,结构和功能从简单到复杂的变化过程:身体~
5. 阶段	jiēduàn	名	一个发展过程中可以分出的时期或部分。stage:发育~
6. 发生	fāshēng	动	产生:精子的~
7. 紧贴	jǐn tiē		紧紧地贴着:~基膜
8. 型	xíng	名	类型。type:A~
9. 作为	zuòwéi	动	当作:~靶细胞
10. 历时	lìshí	动	(事情)经过的时间:~较长
11. 处于	chǔyú	动	在某种地位或状态:~不同阶段
12. 位置	wèizhì	名	所在的地方:心脏的~
13. 靠近	kàojìn	动	向目标运动,使距离缩短:~管腔
14. 存在	cúnzài	动	事物持续地占着时间和空间。exist:~的时间
15. 位	wèi	名	位置:~近管腔
16. 转变	zhuǎnbiàn	动	变化:由A~为B
17. 蝌蚪	kēdǒu	名	todpole:呈~形
18. 观	guān	动	看:正面~

19. 卵圆形	luǎnyuánxíng	名	像鸡蛋的形状：呈~
20. 极度	jídù	副	程度非常高；极，非常：~浓缩
21. 分解	fēnjiě	动	把一个整体分成它的各个组成部分。resolve：~大分子物质
22. 外周	wàizhōu	名	外侧的周围：眼球~

专业词语

1. 精子	jīngzǐ	名	sperm
2. 睾丸	gāowán	名	spermary
3. 小叶	xiǎoyè	名	lobule
4. 生精小管	shēngjīng xiǎoguǎn		seminiferous tubule
5. 生精上皮	shēngjīng shàngpí		seminiferous epithelium
6. 支持细胞	zhīchí xìbāo		supporting cell
7. 生精细胞	shēngjīng xìbāo		spermatogenic cell
8. 精原细胞	jīngyuán xìbāo		spermatogonium
9. 初级精母细胞	chūjí jīngmǔ xìbāo		primary spermatocyte
10. 次级精母细胞	cìjí jīngmǔ xìbāo		secondary spermatocyte
11. 精子细胞	jīngzǐ xìbāo		spermatid
12. 青春期	qīngchūnqī	名	男女生殖器官发育成熟的时期，男性约14—16岁，女性约13—14岁。puberty
13. 垂体	chuítǐ	名	又称脑垂体，是人体最重要的内分泌腺。pituitary
14. 促性腺激素	cù xìngxiàn jīsù		垂体分泌的可促进性激素生成和分泌的一种糖蛋白激素。gonadotrophins
15. A型精原细胞	A xíng jīngyuán xìbāo		type A spermatogonium
16. B型精原细胞	B xíng jīngyuán xìbāo		type B spermatogonium

17. 染色体	rǎnsètǐ	名	chromosome
18. 核型	héxíng	名	caryogram
19. 成熟分裂	chéngshú fēnliè		maturation division
20. 染色单体	rǎnsè dāntǐ		chromatid
21. 着丝粒	zhuósīlì	名	centromere
22. 单倍体	dānbèitǐ	名	只有一组同源染色体的细胞。haploid
23. 顶体	dǐngtǐ	名	acrosome
24. 水解酶	shuǐjiěméi	名	催化水解反应的一类酶的总称。hydrolase
25. 受精	shòujīng	动	精子和卵子相结合形成受精卵。fertilize
26. 卵子	luǎnzǐ	名	ovum
27. 放射冠	fàngshèguān	名	corona radiata
28. 透明带	tòumíngdài	名	zona pellucida

二、课文

睾丸有产生精子和分泌男性激素的功能。其实质分成约250个锥体形**小叶**,每个小叶内有1—4条**弯曲**细长的**生精小管**。生精小管主要由**生精上皮**构成。生精上皮主要由**支持细胞**和5—8层**生精细胞**组成。

问题1.生精小管的位置在哪儿?

生精细胞包括**精原细胞**、**初级精母细胞**、**次级精母细胞**、**精子细胞**和精子。在**青春期**前,生精小管管腔很小或**阙如**,管壁中只有支持细胞和精原细胞。自青春期开始,在**垂体促性腺激素**的作用下,生精细胞不断增殖分化,形成精子,生精小管壁内可见不同**发育阶段**的生精细

问题2.生精细胞包括哪几类?

胞。从精原细胞至形成精子的过程称精子**发生**。

精原细胞**紧贴**生精上皮基膜，分A、B两**型**。**A型精原细胞**是生精细胞中的干细胞，经过不断地分裂增殖，一部分A型精原细胞继续**作为干细胞**，另一部分分化为**B型精原细胞**。B型精原细胞经过数次分裂后，分化为初级精母细胞。

初级精母细胞位于精原细胞近腔侧，**染色体核型**为46，XY。细胞经过DNA复制后（4n DNA），进行第一次**成熟分裂**，形成2个次级精母细胞。由于第一次成熟分裂的分裂前期**历时**较长，所以在生精小管的切面中常可见到**处于**不同增殖阶段的初级精母细胞。

次级精母细胞**位置靠近**管腔，染色较深，染色体核型为23，X或23，Y（2n DNA）。每条染色体由2条**染色单体**组成，通过**着丝粒**相连。次级精母细胞不进行DNA复制，即进入第二次成熟分裂，形成两个精子细胞。由于次级精母细胞**存在**时间短，故在生精小管切面中不易见到。

精子细胞**位**近管腔，其染色体核型为23，X或23，Y（1n DNA）。精子细胞是**单倍体**，细胞不再分裂，它经过复杂的变化，由圆形逐渐分化**转变为蝌蚪**形的精子，这个过程称精子形成。

精子形似蝌蚪，分头、尾两部。头部正面**观**呈**卵圆形**，侧面观呈梨形。头部内主要有一个染色质**极度**浓缩的细胞核，核的前2/3有**顶体**覆盖。顶体内含多种**水解酶**。在**受精**时，精子释

问题3.精原细胞的位置在哪儿？它分为几种类型？各有什么特点？

问题4.初级精母细胞位置在哪儿？有什么特点？

问题5.次级精母细胞位置在哪儿？有什么特点？

问题6.精子细胞位置在哪儿？有什么特点？

问题7.说说精子的形状、结构和特点。

放顶体酶,**分解卵子外周的放射冠**与**透明带**,进入卵子内。尾部是精子的运动装置。

从精原细胞发育为精子,在人约需64±4.5天。

三、课文图例

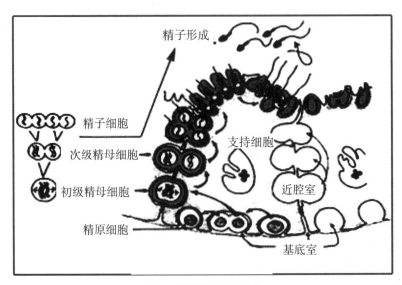

图1　精子发生模式图

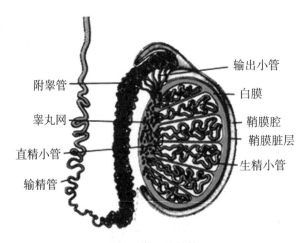

图2　睾丸的结构

 四、注释

1. 核型

一个体细胞中的全套染色体,根据染色体的相对大小、着丝粒的位置、臂的长短、随体的有无等特征,按一定顺序分组排列起来,就叫作核型。人类细胞的正常核型包括46条染色体,其中44条是常染色体,2条是性染色体。46条染色体可相互配成23对,每23条染色体构成一个染色体组,故人类体细胞共有2个染色体组。

核型的表示方法,一般要求先写出染色体总数,然后标出性染色体组合。所以,正常男性核型表示方法为46,XY;正常女性则为46,XX。

2. 成熟分裂

成熟分裂又称减数分裂(meiosis),是有性生殖个体在形成生殖细胞过程中发生的一种特殊分裂方式。其特点是只有一次染色体复制,但发生两次连续分裂,造成子细胞的染色体数目只有母细胞的一半。成熟分裂后的生殖细胞,染色体数目减半,由二倍体的细胞变成了单倍体的细胞,受精后,合子(受精卵)又重新获得与亲代细胞相同的染色体数,保证了物种染色体数的恒定。在第一次成熟分裂的前期,同源染色体发生联会和交叉,进行遗传基因的交换,从而使配子(精子或卵子)具有不同的基因组合。在成熟分裂过程中,若同源染色体分裂或基因交换发生差错,将导致配子染色体数目及遗传构成异常,遗传的配子受精后,将导致子代畸形。

3. 处于+定语+名词

书面语固定格式。"处于"是动词,表示在某种地位或状态,后面常带"阶段、时期、状态、地位"为中心语的宾语,这些中心语前都要有定语,不能只带没有定语的名词宾语。如:

(1)这位病人正处于昏迷状态。

(2)在生精小管的切面中常可见到处于不同增殖阶段的初级精母细胞。

五、练习

（一）听与读

睾丸　精子　生精小管　生精上皮　生精细胞　精原细胞　初级精母细胞　次级精母细胞　精子细胞　青春期　成熟分裂　精子发生　精子形成　垂体　促性腺激素　核型　染色体　染色单体　着丝粒　顶体　水解酶　受精　放射冠　透明带

（二）解释下面画线词语的意思

1. 睾丸有产生精子和分泌男性激素的功能，<u>其</u>实质分成约250个锥体形小叶。

   其：

2. 在青春期前，生精小管管腔很小或<u>阙如</u>。

   阙如：

3. <u>自</u>青春期开始，在垂体促性腺激素的作用下，生精细胞不断增殖分化，形成精子。

   自：

4. B型精原细胞经过<u>数</u>次分裂后，分化<u>为</u>初级精母细胞。

   数：　　　　　　　为：

5. 由于第一次成熟分裂的分裂前期<u>历时</u>较长，所以在生精小管的切面中常可见到处于不同增殖阶段的初级精母细胞。

   历时：

6. 次级精母细胞不进行DNA复制，<u>即</u>进入第二次成熟分裂。

   即：

7. 精子细胞<u>位</u><u>近</u>管腔。

   位：　　　　　　　近：

8. 精子<u>形</u><u>似</u>蝌蚪，头部<u>正面观</u>呈卵圆形，<u>侧面观</u>呈梨形。

   形：　　　　　　　似：

   正面观：　　　　　侧面观：

（三）将可搭配的词语用线连接起来

自　　　　　　近腔侧
在　　　　　　构成
由　　　　　　至
处于　　　　　作用下
从……　　　　开始
位于　　　　　阶段

（四）根据下面词语画出对应的形状

锥体形小叶　　弯曲细长　　蝌蚪形　　卵圆形　　梨形

（五）根据课文内容填空

1. 在青春期前，生精小管管腔_____。

2. 从_____至_____的过程称精子发生。

3. A型精原细胞是生精细胞中的_____，经过不断地分裂增殖，一部分_____继续作为干细胞，另一部分分化为_____。

4. 由于第一次成熟分裂的分裂前期_____，所以在生精小管的切面中常可见到处于不同增殖阶段的_____。

5. 由于次级精母细胞_____短，故在_____中不易见到。

6. 精子细胞是_____体，细胞_____分裂，它经过复杂的变化，由圆形逐渐分化转变为_____形的精子，这个过程称_____。

7. 精子头部_____呈卵圆形，_____呈梨形。

8. 在受精时，精子释放_____，分解卵子外周的_____与_____，进入卵子内。

(六) 根据课文内容判断正误

（　）1. 睾丸能产生精子,分泌男性激素。
（　）2. 睾丸内有1—4条弯曲细长的生精小管。
（　）3. 生精上皮由支持细胞和5—8层生精细胞组成。
（　）4. 在人的一生中,生精细胞基本相同。
（　）5. 青春期开始后,生精细胞能不断增殖分化,形成精子。
（　）6. 在生精小管壁内见到的生精细胞,其形态、结构都基本相同。
（　）7. 精原细胞都能分化为初级精母细胞。
（　）8. 精子细胞就是精子。

(七) 根据课文内容完成下列表格

物质	位置	染色体核型	存在时间	会否分裂	可形成何种细胞
精原细胞					
初级精母细胞					
次级精母细胞					
精子细胞					
精子					

(八) 根据课文内容回答问题

1. 青春期前和青春期开始后,生精小管和生精细胞有何不同？
2. 精子发生和精子形成的意思一样吗？请具体说明。
3. 受精时,精子如何进入卵子内？

(九) 课堂活动

1. 互相说说青春期前和青春期后生精小管里有哪些细胞。
2. 互相说说初级精母细胞与次级精母细胞的不同之处。

卵巢和卵泡的发育成熟过程

普通词语

1. 下方	xiàfāng	名	下面,下边:上皮~
2. 薄层	báocéng	名	能分层的物质中厚度比较小的部分:~致密结缔组织
3. 退变	tuìbiàn	动	因理化或生物作用逐步老化变质直至损毁的过程:~的器官
4. 生长	shēngzhǎng	动	生物体发育过程中体积和重量等逐渐增加:~过程
5. 一系列	yíxìliè	形	许多有关系的(事物):~变化|~问题
6. 时期	shíqī	名	具有某种特征的一段时间:胚胎~
7. 随即	suíjí	副	表示一事紧跟另一事之后发生;立刻。
8. 长期	chángqī	名	比较长的一段时间:~处于静止状态
9. 停滞	tíngzhì	动	不能继续进行或发展:生长~
10. 直至	zhízhì	动	一直到某个时间;直到。
11. 早期	zǎoqī	名	全过程中的最初阶段:发育~
12. 随着	suízhe	动	跟着。
13. 合并	hébìng	动	结合到一起。merge:~为一个腔
14. 半月形	bànyuèxíng	名	half-moon, semilune ☾:呈~
15. 居于	jūyú	动	位置在……:~中央
16. 停止	tíngzhǐ	动	不再继续进行:~发育
17. 中期	zhōngqī	名	全过程的中间阶段:分裂~
18. 女性	nǚxìng	名	女人。

85

19. 周期	zhōuqī	名	指事物在运动、变化的过程中某些特征多次重复出现,每两次出现所经过的时间。period:生长~	
20. 交替	jiāotì	动	人或物按次序一个做完后换另一个去做:新老~	
21. 减退	jiǎntuì	动	(程度)下降,减弱:功能~	

专业词语

1. 卵巢	luǎncháo	名	ovary
2. 卵泡	luǎnpào	名	follicle
3. 生殖器官	shēngzhí qìguān		生物体产生生殖细胞的器官。generative organ
4. 卵细胞	luǎnxìbāo	名	egg cell
5. 性激素	xìngjīsù	名	sex hormone
6. 白膜	báimó	名	tunica albuginea
7. 黄体	huángtǐ	名	corpus luteum
8. 闭锁卵泡	bìsuǒ luǎnpào		atresic follicle
闭锁	bìsuǒ	动	医学上指机体天然通道的阙如或关闭融合:肛门~
9. 卵母细胞	luǎnmǔ xìbāo		oocyte
10. 卵泡细胞	luǎnpào xìbāo		follicle cell
11. 原始卵泡	yuánshǐ luǎnpào		primordial follicle
12. 初级卵泡	chūjí luǎnpào		primary follicle
13. 次级卵泡	cìjí luǎnpào		secondary follicle
14. 成熟卵泡	chéngshú luǎnpào		mature follicle
15. 初级卵母细胞	chūjí luǎnmǔ xìbāo		primary oocyte
16. 胚胎	pēitāi	名	embryo
17. 卵原细胞	luǎnyuán xìbāo		oogonium
18. 排卵	páiluǎn	动	ovulate
19. 卵泡腔	luǎnpàoqiāng	名	follicular antrum

20. 卵泡液	luǎnpàoyè	名	follicular fluid
21. 卵丘	luǎnqiū	名	cumulus oophorus
22. 卵泡壁	luǎnpàobì	名	the walls of the follicle
23. 颗粒层	kēlìcéng	名	stratum granulosum
24. 次级卵母细胞	cìjí luǎnmǔ xìbāo		secondary oocyte
25. 绝经期	juéjīngqī	名	menopause
26. 月经	yuèjīng	名	menstruation
27. 更年期	gēngniánqī	名	menopause

二、课文

卵巢是女性**生殖器官**的一部分,它产生**卵细胞**,分泌**性激素**。卵巢表面覆盖一层单层扁平或立方上皮,上皮**下方**为**薄层**致密结缔组织构成的**白膜**。卵巢的外周部分称皮质,中央为髓质。皮质含有不同发育阶段的卵泡以及**黄体**和**退变**的**闭锁卵泡**。髓质与皮质无明显分界,含有许多血管和淋巴管。

卵泡由**卵母细胞**和**卵泡细胞**组成。卵泡发育是个连续的**生长**过程,其结构发生**一系列**变化,一般可分为**原始卵泡**、**初级卵泡**、**次级卵泡**和**成熟卵泡**四个阶段。

原始卵泡位于皮质浅部,体积小,数量多。卵泡中央有一个**初级卵母细胞**,周围为单层扁平的卵泡细胞。初级卵母细胞较大,在**胚胎时期**由**卵原细胞**分裂分化而形成,**随即**进入第一次成熟分裂,并**长期停滞**于分裂前期(12—50年不等),**直至排卵**前才完成第一次成熟分裂。卵泡细胞较小,具有支持和营养卵母细胞的作用。

问题1.卵巢有什么功能?它的皮质和髓质分别含有什么?

问题2.说说初级卵母细胞的结构以及它从形成到完成第一次成熟分裂的过程。

初级卵泡由原始卵泡发育形成，体积增大。卵泡细胞变为立方形或柱状，随之细胞增殖成5—6层。在初级卵泡**早期**，卵母细胞和卵泡细胞之间出现一层膜，称为透明带。**随着**初级卵泡的体积增大，卵泡渐向卵巢皮质深部移动。

初级卵泡继续生长成为次级卵泡，卵泡体积更大。卵泡细胞增至6—12层，细胞间出现一些不规则的腔隙，并逐渐**合并**成一个**半月形**的腔，称为**卵泡腔**，腔内充满**卵泡液**。随着卵泡液的增多及卵泡腔扩大，卵母细胞**居于**卵泡的一侧，并与其周围的卵泡细胞一起突向卵泡腔，形成**卵丘**。紧贴透明带的一层柱状卵泡细胞呈放射状排列，称放射冠。分布在卵泡腔周边的卵泡细胞较小，构成**卵泡壁**，称为**颗粒层**。

成熟卵泡是卵泡发育的最后阶段，体积很大，并向卵巢表面突出。此时的初级卵母细胞又恢复成熟分裂，在排卵前36—48小时完成第一次成熟分裂，产生1个**次级卵母细胞**。次级卵母细胞随即进入第二次成熟分裂，并**停止**于分裂**中期**。

女性从青春期至**绝经期**，每个月经周期可有若干个原始卵泡生长发育，通常只有1个卵泡发育成熟并排卵。左右卵巢**交替**排卵。**更年期**时卵巢功能逐渐**减退**，绝经期后不再排卵。

问题3.卵泡什么时候出现透明带？透明带的位置在哪儿？

问题4.卵泡什么时候出现卵泡腔？卵泡液有什么作用？

问题5.什么是放射冠和颗粒层？

问题6.初级卵母细胞什么时候完成第一次成熟分裂？

问题7.女性卵巢排卵有什么特点？

三、课文图例

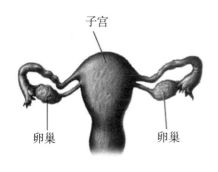

图1　子宫和卵巢

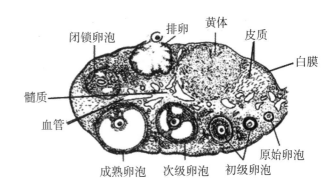

图2　卵巢的结构

图3　卵泡的结构

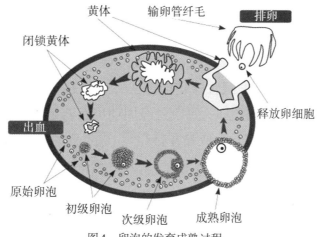

图4　卵泡的发育成熟过程

四、注释

1. 黄体

　　成熟卵泡排卵后,残留在卵巢内的卵泡壁塌陷,卵泡膜内的血管和结缔组织伸入颗粒层,在黄体生成素(luteinizing hormone, LH)的作用下,卵泡壁的细胞体积增大,分化为一个体积很大并富含血管的内分泌细胞团,新鲜时呈黄色,称为黄体。

2. 闭锁卵泡

　　即退化的卵泡,可发生在卵泡发育的任何阶段,主要表现为卵母细胞缩小或消失。

五、练习

(一) 听与读

　　卵巢　性激素　卵泡　黄体　闭锁卵泡　卵母细胞　卵泡细胞
　　原始卵泡　初级卵泡　次级卵泡　成熟卵泡　初级卵母细胞
　　次级卵母细胞　卵泡腔　卵泡液　卵丘　绝经期　更年期

(二) 选出与画线词语意思最接近的词语

1. 初级卵母细胞较大,在胚胎时期由卵原细胞分裂分化而形成,<u>随即</u>进入第一次成熟分裂。

　　A. 马上　　　　B. 随便　　　　　　C. 就是

2. 卵泡细胞由单层扁平变为立方形或柱状,<u>随之</u>细胞增殖成5—6层。

　　A. 随便　　　B. 跟着(卵泡细胞)　　C. 跟着(卵泡细胞形状的变化)

3. 女性从青春期至绝经期,每个月经周期可有<u>若干</u>个原始卵泡生长发育,通常只有1个卵泡发育成熟并排卵。

　　A. 几　　　　B. 多少　　　　　　C. 如果

4. 初级卵母细胞停滞于分裂前期的时间12—50年<u>不等</u>,直至排卵前才完成第一次成熟分裂。

  A. 不等于　　　　B. 不一样　　　　　　C. 不等待

5. 更年期时卵巢功能逐渐<u>减退</u>,绝经期后不再排卵。

  A. 减少　　　　　B. 减弱　　　　　　　C. 退变

(三) 选择适当的词语填空

时期　长期　前期　早期　中期　周期

1. 女性一个月经_____约28天。
2. 初级卵母细胞_____停滞于第一次成熟分裂_____,直至排卵前才完成第一次成熟分裂。
3. 次级卵母细胞进入第二次成熟分裂后,停止于分裂_____。
4. 在初级卵泡_____,卵母细胞和卵泡细胞之间出现透明带。
5. 初级卵母细胞较大,在胚胎_____由卵原细胞分裂分化而形成的。

随即　随着

6. _____更年期的到来,卵巢功能逐渐减退。
7. 在胚胎时期,卵原细胞分裂分化形成初级卵母细胞后,_____进入第一次成熟分裂。

(四) 根据课文内容填空

1. 卵巢皮质含有不同发育阶段的_____以及黄体和退变的_____。
2. 卵泡由_____和_____组成。
3. 原始卵泡中央有一个_____,周围为单层扁平的卵泡细胞。
4. _____由原始卵泡发育形成,体积增大。
5. 初级卵泡继续生长成为_____,卵泡体积更大。
6. 次级卵泡的卵泡细胞间出现一个半月形的腔,称为_____。
7. _____是卵泡发育的最后阶段。
8. 在成熟卵泡阶段,初级卵母细胞在排卵前36—48小时完成第一次成熟分裂,产生1个_____。

（五）根据课文内容标出下列物质的位置

卵泡腔　卵丘　透明带　　　皮质　髓质　原始卵泡　初级卵泡
颗粒层　放射冠　卵细胞　　　次级卵泡　成熟卵泡　闭锁卵泡

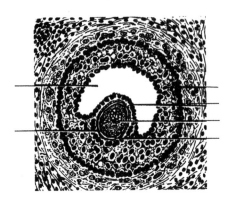
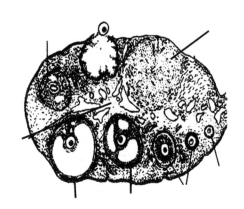

（六）根据课文内容回答问题

1. 从外到内描述卵巢的结构。
2. 说说由初级卵母细胞到次级卵母细胞的发育过程。

（七）根据课文内容完成下列表格

发育阶段	位置和特点	构成及特点	
		初级卵母细胞	卵泡细胞
原始卵泡			
初级卵泡			
次级卵泡			
成熟卵泡			

（八）写出课文各段的主要内容

（九）课堂活动
1. 互相描述原始卵泡、初级卵泡、次级卵泡和成熟卵泡的结构特点。
2. 一人描述初级卵母细胞和卵泡细胞的特点，其他人说出卵泡所处的发育阶段。

卵裂和胚泡、胚层形成

普通词语

1. 实心	shíxīn	形	物体内部完全填满,没有空隙:~胚
2. 汇合	huìhé	动	聚集:~成一个大腔
3. 中空	zhōngkōng	形	物体的内部是空的,不是实心的:~的胚泡
4. 埋入	máirù	动	打开缺口让某些东西进入后盖住缺口:~地下
5. 群	qún	名	聚集在一起的人或物:细胞~
6. 缺口	quēkǒu	名	物体上缺掉一块而形成的空隙:杯子的~
7. 迅速	xùnsù	形	非常快:~增殖
8. 圆盘状	yuánpánzhuàng	名	扁圆似盘的形状:呈~
9. 邻近	línjìn	动	所在的位置靠近(某处):~腔面
10. 位居	wèijū	动	位于,位置在(某处):~中央
11. 继之	jìzhī	连	紧跟在前面情况或动作之后。
12. 周缘	zhōuyuán	名	周围的边缘:晶状体的~
13. 续连	xùlián	动	连接:小肠与大肠~
14. 延伸	yánshēn	动	向某个方向延长或展开:向下~
15. 紧相贴连	jǐnxiāng tiēlián		紧紧地贴在一起:内外两层~
16. 松散	sōngsǎn	形	不紧密:~的结构
17. 充填	chōngtián	动	在一定范围里到处都有:~于胚泡腔
18. 正中线	zhèngzhōngxiàn	名	正中间的线:人体~

19. 区分	qūfēn	动		根据不同事物的特点把它们从其他事物中分出来:~出头尾两端
20. 沟	gōu	名		两边高起中间凹下的长条状物体:浅~
21. 深面	shēnmiàn	名		离物体表面远的那一面,与"表面"相对:表皮的~
22. 迁移	qiānyí	动		离开原来的地方而搬到别的地方:~到……
23. 扩展	kuòzhǎn	动		向外伸展、扩大:向侧方~

专业词语

1. 卵裂	luǎnliè		名	cleavage
2. 胚泡	pēipào		名	blastocyst
3. 胚层	pēicéng		名	blastoderm
4. 受精卵	shòujīngluǎn		名	精子与卵子结合后形成的新细胞。oosperm
5. 输卵管	shūluǎnguǎn		名	uterine tube
6. 子宫	zǐgōng		名	womb
7. 卵裂球	luǎnlièqiú		名	blastomere
8. 桑椹胚	sāngshènpēi		名	morula
桑椹	sāngshèn		名	mulberry
9. 子宫内膜	zǐgōng nèimó			endometrium
10. 植入	zhírù		动	implant
11. 着床	zhuóchuáng		动	imbed
12. 滋养层	zīyǎngcéng		名	trophoblast
13. 胚泡腔	pēipàoqiāng		名	blastocyst cavity
14. 内细胞群	nèixìbāoqún		名	inner cell mass
15. 蛋白酶	dànbáiméi		名	能把蛋白质分解为肽的酶。protease
16. 合体滋养层	hétǐ zīyǎngcéng			syncytiotrophoblast

17. 细胞滋养层	xìbāo zīyǎngcéng		cytotrophoblast
18. 胚盘	pēipán	名	embryonic disc
19. 外胚层	wàipēicéng	名	ectoderm
20. 内胚层	nèipēicéng	名	endoderm
21. 羊膜腔	yángmóqiāng	名	amniotic cavity
羊膜	yángmó	名	amnion
22. 卵黄囊	luǎnhuángnáng	名	yolk sac
23. 原基	yuánjī	名	primordium
24. 胚外中胚层	pēiwài zhōngpēicéng		extraembryonic mesoderm
25. 胚外体腔	pēiwài tǐqiāng		exocoelom
26. 原条	yuántiáo	名	primitive streak
27. 原结	yuánjié	名	primitive node
28. 原沟	yuángōu	名	primitive groove
29. 原凹	yuán'āo	名	primitive pit
30. 间充质	jiānchōngzhì	名	分散存在的中胚层细胞。mesenchyma
31. 胚内中胚层	pēinèi zhōngpēicéng		intraembryonic mesoderm

二、课文

　　从卵巢排出的卵子在受精时完成第二次成熟分裂。**受精卵**由**输卵管**向**子宫**运行中，不断进行细胞分裂，此过程称卵裂。卵裂产生的细胞称**卵裂球**。第3天时形成一个由12—16个卵裂球组成的**实心胚**，称**桑椹胚**。

　　桑椹胚的细胞继续分裂，细胞间逐渐出现小的腔隙，于第4天**汇合**成一个大腔，桑椹胚转变为**中空**的胚泡并进入子宫腔。胚泡逐渐**埋入**

问题1. 什么叫卵裂、卵裂球和桑椹胚？

问题2. 桑椹胚是如何转变为胚泡的？

子宫内膜的过程称**植入**,又称**着床**。植入约于受精后第5—6天起始,第11—12天完成。

胚泡外表为一层扁平细胞,称**滋养层**,中心的腔称**胚泡腔**,腔内一侧的**一群**细胞,称**内细胞群**。

植入时,内细胞群侧的滋养层先与子宫内膜接触,并分泌**蛋白酶**消化与其接触的内膜组织,胚泡则沿着被消化组织的**缺口**埋入内膜。在此过程中,与内膜接触的滋养层细胞**迅速**增殖,滋养层增厚,并分化为内、外两层。外层细胞间的细胞界线消失,称**合体滋养层**;内层由单层立方细胞组成,称**细胞滋养层**。胚泡全部植入子宫内膜后,缺口修复,整个滋养层均分化为两层。

植入时,内细胞群的细胞也增殖分化,逐渐形成一个由内、外两个胚层组成的**圆盘状胚盘**。**外胚层**为**邻近**滋养层的一层柱状细胞,**内胚层**是**位居**胚泡腔侧的一层立方细胞,两层紧贴在一起。**继之**,在外胚层的近滋养层侧出现**羊膜腔**,腔壁为羊膜,羊膜与外胚层的**周缘续连**。内胚层的周缘向下**延伸**形成另一个囊,即**卵黄囊**。内、外胚层**紧相贴连**构成的胚盘是人体的**原基**。

此时期的胚泡腔内出现**松散**分布的**胚外中胚层**细胞。它们先**充填**于整个胚泡腔,继而细胞间出现腔隙,腔隙逐渐汇合增大,在胚外中胚层内形成一个大腔,称**胚外体腔**。

问题3. 胚泡如何进入子宫内膜?

问题4. 什么叫合体滋养层和细胞滋养层?

问题5. 说说二层胚盘的特点。

问题6. 什么是羊膜腔、羊膜和卵黄囊?

问题7. 胚外体腔是怎么形成的?

至第三周,外胚层细胞增殖,在尾侧**正中线**上形成一条增厚区,称**原条**。原条的头端略膨大,为**原结**。原条的出现,胚盘即可**区**分出头尾端和左右侧。继而在原条的中线出现浅**沟**,原结的中心出现浅凹,分别称**原沟和原凹**。原条**深面**的细胞则逐渐**迁移**到内外胚层之间,形成松散的**间充质**。原条两侧的间充质细胞继续向侧方**扩展**,形成**胚内中胚层**,并在胚盘边缘与胚外中胚层续连。

问题8.什么叫原条、原结、原沟和原凹?

三、课文图例

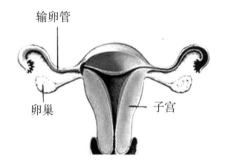

图1 子宫、卵巢和输卵管

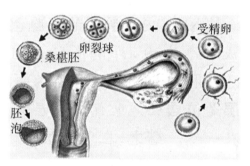

图2 卵裂和胚泡的形成

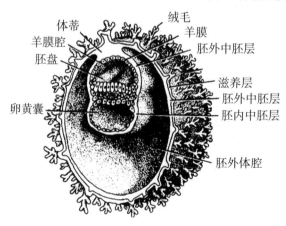

图3 第3周初胚的剖面

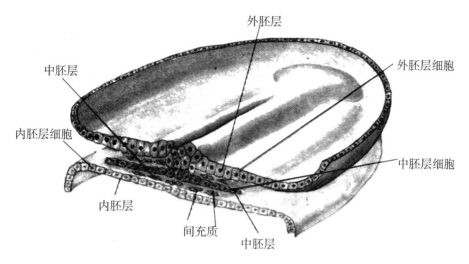

图 4　三胚层胚盘模式图

（一）听与读

受精卵　输卵管　子宫　子宫内膜　卵裂球　桑椹胚　胚泡
胚泡腔　植入　着床　内细胞群　合体滋养层　细胞滋养层
胚层　胚盘　外胚层　内胚层　羊膜腔　羊膜　卵黄囊
胚外中胚层　胚内中胚层　胚外体腔　原条　原结　间充质

（二）解释下面画线词语的意思

1. 受精卵由输卵管向子宫运行中,不断进行细胞分裂,<u>此</u>过程称卵裂。

　　此:

2. 桑椹胚转变为<u>中空</u>的胚泡并进入子宫腔。

　　中空:

3. 植入约<u>于</u>受精后第5—6天<u>起始</u>,第11—12天完成。

　　于:　　　　　　起始:

4. 内细胞群侧的滋养层先与子宫内膜接触,并分泌蛋白酶消化与<u>其</u>接触的内膜组织。

　　其:

5. 胚泡全部植入子宫内膜后,缺口修复,整个滋养层<u>均</u>分化为两层。

　　均:

6. 内胚层是位居胚泡腔侧的一层立方细胞。

　　位居：

7. 羊膜与外胚层的周缘续连。

　　周缘：　　　　　　　续连：

8. 胚外中胚层细胞先充填于整个胚泡腔,继而细胞间出现腔隙。

　　继而：

9. 原条的头端略膨大,为原结。

　　略：　　　　　　　　为：

10. 原条的出现,胚盘即可区分出头尾端和左右侧。

　　即：

(三) 根据课文内容标出下列物质的位置

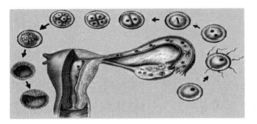

受精卵
卵裂球
桑椹胚
胚泡

1

滋养层
胚泡腔
内细胞群

2

合体滋养层
细胞滋养层
胚盘
外胚层
内胚层
羊膜
羊膜腔
卵黄囊
胚外中胚层

3

第十二课　卵裂和胚泡、胚层形成

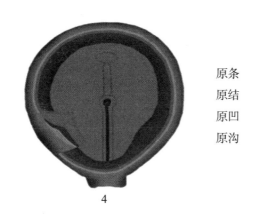

原条
原结
原凹
原沟

4

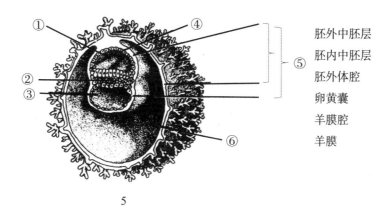

胚外中胚层
胚内中胚层
胚外体腔   ⑤
卵黄囊
羊膜腔
羊膜

5

（四）画出下面语句描述的方向

1. 受精卵由输卵管向子宫运行。

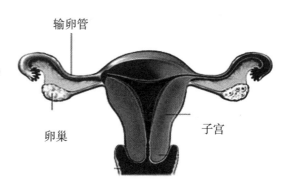

2. 内胚层的周缘向下延伸形成另一个囊，即卵黄囊。

101

3. 原条两侧的间充质细胞继续向侧方扩展,形成胚内中胚层,并在胚盘边缘与胚外中胚层续连。

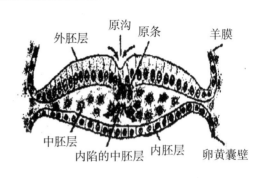

(五) 根据课文内容完成下列表格

时间	受精卵发生的变化	
第3天		
第4天		
第5—12天	外层细胞的变化	
	内层细胞的变化	
第3周		

(六) 从课文中找出固定结构

　　如:由……构成、在……中

(七) 根据课文内容判断正误

　　(　　)1. 卵子从卵巢排出后,即完成第二次成熟分裂。
　　(　　)2. 桑椹胚在受精后第三天形成。
　　(　　)3. 受精后第4天桑椹胚进入子宫腔。
　　(　　)4. 植入大约在受精后第5—6天开始。
　　(　　)5. 合体滋养层的细胞之间没有界线。
　　(　　)6. 细胞滋养层的细胞之间没有界线。
　　(　　)7. 人体的原基是只有内外两个胚层的胚盘。
　　(　　)8. 胚外体腔就是卵黄囊。
　　(　　)9. 受精后第三周,在胚盘的头侧出现原条。
　　(　　)10. 胚内中胚层和胚外中胚层互不相连。

（八）根据课文内容回答问题

　　1. 胚泡和桑椹胚有什么不同？

　　2. 什么叫植入？描述植入的过程。

　　3. 胚内中胚层如何形成？它的位置在哪儿？

（九）课堂活动

　　1. 互相描述植入过程中滋养层的变化。

　　2. 互相描述植入过程中内细胞群的变化。

颜面的发生

普通词语

1. 颜面	yánmiàn	名	脸部。face:~的发生
2. 卷折	juǎnzhé	动	把东西弯曲翻转:向腹侧~
3. 外观	wàiguān	名	物体从外表面看的样子:头部~
4. 隆起	lóngqǐ	名	比较大的突起:圆形~
5. 伴随	bànsuí	动	陪着,跟:~血压的升高
6. 渐次	jiàncì	副	按次序逐步、逐渐:~形成
7. 分叉	fēnchà	动	分开成叉形(长柄一端有两个以上分支的形状):~为两支
8. 愈合	yùhé	动	(伤口、开口等)长好合在一起:伤口~
9. 演化	yǎnhuà	动	发展变化,发育变化:颜面的~
10. 继	jì	动	在……之后(常跟"后"构成"继……后"格式)。
11. 亦	yì	副	也。
12. 彼此	bǐcǐ	代	双方,这个和那个:~影响
13. 靠拢	kàolǒng	动	靠近:彼此~
14. 嵴状	jízhuàng	名	条状的突起:呈~
15. 起初	qǐchū	名	最初;最早。
16. 回拢	huílǒng	动	靠拢,靠近:向中线~
17. 相距	xiāngjù	动	相互距离:~较远
18. 原本	yuánběn	副	原来,本来。

19. 初具人貌	chū jù rén mào		初步具有人的面容。
初	chū	副	刚开始。
貌	mào	名	面容。

专业词语

1. 胚体	pēitǐ	名	胚盘卷折后形成的胚胎。
2. 额鼻隆起	é bí lóngqǐ		frontonasal prominence
额	é	名	forehead
3. 背腹方向	bèi fù fāngxiàng		同时向背和腹两个方向。
4. 鳃弓	sāigōng	名	branchial arch
5. 上颌隆起	shànghé lóngqǐ		maxillary prominence
6. 下颌隆起	xiàhé lóngqǐ		mandibular prominence
7. 口凹	kǒu'āo	名	stomodeum
8. 鼻板	bíbǎn	名	nasal placode
9. 鼻窝	bíwō	名	nasal pit
10. 内侧鼻隆起	nèicè bí lóngqǐ		medial nasal prominence
11. 外侧鼻隆起	wàicè bí lóngqǐ		lateral nasal prominence
12. 下唇	xiàchún	名	under lip
唇	chún	名	lips
13. 人中	rénzhōng	名	人的上唇正中凹下的部分。
14. 上唇	shàngchún	名	upper lip
15. 鼻梁	bíliáng	名	鼻子隆起的部分。
16. 鼻尖	bíjiān	名	apex nasi
17. 前额	qián'é	名	forehead
18. 鼻翼	bíyì	名	鼻尖两旁的部分。
19. 鼻孔	bíkǒng	名	nostril
20. 原始鼻腔	yuánshǐ bíqiāng		primitive nasal cavity
21. 原始口腔	yuánshǐ kǒuqiāng		primitive oral cavity
口腔	kǒuqiāng	名	oral cavity

22. 颊	jiá	名	脸的两侧从眼到下颌的部分。
23. 口裂	kǒuliè	名	oral fissure
裂	liè	动	分开而有缝隙:~开
24. 颅	lú	名	头的上部,包括头盖骨和脑。cranium
25. 外耳	wài'ěr	名	包括耳廓、外耳道和鼓膜(见注释)。external ear

二、课文

人胚第4周时,胚盘已向腹侧**卷折**成柱状**胚体**。胚体头部**外观**呈较大的圆形**隆起**,称**额鼻隆起**。第4周和第5周,**伴随**额鼻隆起的出现,头部两侧的间充质增生,**渐次**形成左右对称、**背腹方向**的6对柱状隆起,称**鳃弓**。人的前4对鳃弓明显,第5对出现不久即消失,第6对很小,不甚明显。

第一鳃弓出现后,其腹侧部分迅速**分叉**为两支,分别称为**上颌隆起**与**下颌隆起**。左、右下颌隆起很快在胚腹侧中线**愈合**。此时正面观察胚体头部,其颜面是由额鼻隆起、左右上颌隆起、已愈合的左右下颌隆起这5个隆起包围的**口凹**构成的。

在额鼻隆起的下缘两侧,局部外胚层组织增生变厚,形成左右**鼻板**。继而鼻板中央向深部凹陷为**鼻窝**,其下缘以一条细沟与口凹相通。鼻窝周缘部的间充质增生隆起,鼻窝内侧的隆起称**内侧鼻隆起**,外侧的称**外侧鼻隆起**,早期的两个隆起是相互连续的。

问题1. 人胚第4周和第5周时发生哪些变化?

问题2. 人胚的鳃弓有哪些特点?

问题3. 口凹被哪五个隆起包围?

问题4. 说说鼻板、鼻窝和内外侧鼻隆起是如何形成的。

第十三课　颜面的发生

颜面的**演化**是从两侧向正中方向发展的。**继**左右下颌隆起的愈合（将发育形成下颌与**下唇**），左右上颌隆起也向中线生长；与此同时，两侧的鼻窝**亦彼此靠拢**，左右内侧鼻隆起渐愈合，并向下方迁移而与上颌隆起愈合。这样，鼻窝与口凹被分隔开。内侧鼻隆起将发育形成包括**人中**在内的**上唇**正中部分，上颌隆起发育形成上唇的外侧部分以及上颌。当内侧鼻隆起向下迁移时，额鼻隆起的下部正中组织呈**嵴状**增生，形成**鼻梁**和**鼻尖**，其上部则发育为**前额**。外侧鼻隆起参与组成鼻外侧壁与**鼻翼**。随着鼻梁、鼻尖等鼻外部结构的形成，原来向前方开口的鼻窝逐渐转向下方，即为**鼻孔**。鼻窝向深部扩大形成**原始鼻腔**。

原始口腔的开口起初很宽大。随着两侧上、下颌隆起向中线**回拢**和上、下唇的形成，同侧上、下颌隆起的分叉处向中线生长，形成**颊**，**口裂**因此变小。

眼的发生最初是在额鼻隆起的腹外侧，两眼**相距**较远。以后随着脑与**颅**的迅速增大以及上颌与鼻的形成，两眼逐渐向中线靠近，并处于同一平面。

外耳的位置**原本**很低，后来随着下颌与颈的发育而被推向后上方。

至第2个月末，胚胎颜面**初具人貌**。

问题5. 人中和上唇正中部分由什么发育形成？上唇的外侧部分和上颌由什么发育形成？

问题6. 原始口腔的开口和发育好的口腔开口有什么不同？

问题7. 眼最初在哪儿发生？眼距有什么特点？是否在同一平面？

三、课文图例

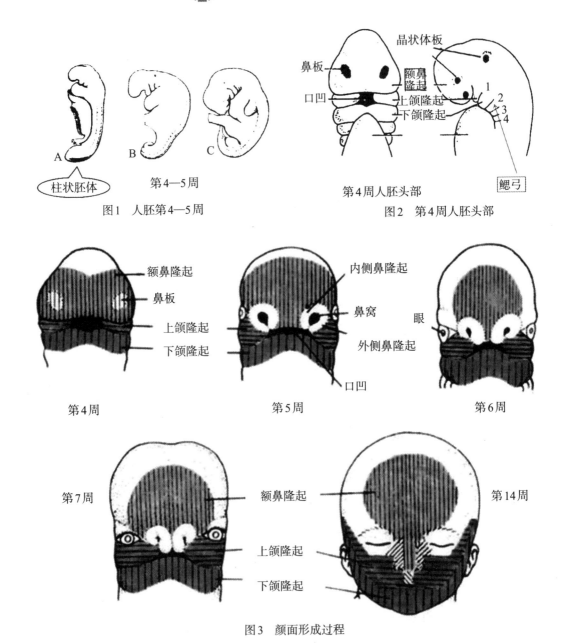

图1 人胚第4—5周

图2 第4周人胚头部

图3 颜面形成过程

四、注释

外耳

解剖学上,耳有外耳、中耳和内耳三部分构成。外耳包括耳廓、外耳道和鼓膜。

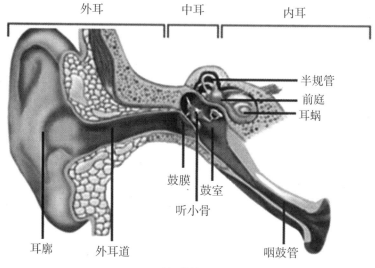

耳的结构示意图

(一) 听与读

胚盘　胚体　背腹方向　鳃弓　鼻板　鼻窝　鼻梁　鼻尖
鼻翼　鼻孔　鼻腔　口凹　颊　颅　上唇　下唇　外耳
前额　额鼻隆起　上颌隆起　下颌隆起　内侧鼻隆起
外侧鼻隆起　人中　原始鼻腔　原始口腔

(二) 根据课文内容填空

1. 人胚第4周时,胚盘已向腹侧卷折成柱状_____。
2. 胚体头部外观呈较大的圆形隆起,称_____。
3. 头部两侧的间充质增生形成6对柱状隆起,称_____。
4. 第一鳃弓腹侧部分分叉为_____与_____。

5. 在额鼻隆起的下缘两侧,局部外胚层组织增生变厚,形成左右_____。

6. 鼻板中央向深部凹陷形成_____。

7. 鼻窝周缘部的间充质增生隆起,内侧的称_____,外侧的称_____。

8. 原来向前方开口的鼻窝逐渐转向下方,即为_____。

9. _____的开口起初很宽大。

10. 眼的发生起初是在额鼻隆起的_____。

(三) 根据描述画出下面形状改变后的样子

向腹侧卷折　　　隆起　　　凹陷　　　分叉为两支

在中线愈合　　　彼此靠拢　　　向下方迁移　　　向中线回拢

向中线靠近

(四) 解释下面画线词语的意思

1. 人胚第6对鳃弓很小,<u>不甚</u>明显。

   甚:

2. 第一鳃弓出现后,<u>其</u>腹侧部分迅速分叉为上颌隆起和下颌隆起,左、右下颌隆起很快在胚腹侧中线愈合。<u>此时</u>胚体颜面由5个隆起和1个口凹构成。

   其:　　　　　　　　此时:

3. 鼻板中央向深部凹陷为鼻窝,<u>其</u>下缘以一条细沟与口凹相通。

   其:

4. <u>继</u>左右下颌隆起的愈合,左右上颌隆起也向中线生长;与此同时,两侧的鼻窝<u>亦</u>彼此靠拢,左右内侧鼻隆起渐愈合,并向下方迁移而与上颌隆起愈合。

继：　　　　　　　　　此：

亦：　　　　　　　　　彼此：

5. 上颌隆起发育形成上唇的外侧部分<u>以及</u>上颌。

　　以及：

6. 额鼻隆起的下部正中组织呈嵴状增生,形成鼻梁和鼻尖,<u>其</u>上部则发育为前额。

　　其：

7. 原始口腔的开口<u>起初</u>很宽大。

　　起初：

8. 眼的发生<u>最初</u>是在额鼻隆起的腹外侧,两眼<u>相距</u>较远。

　　最初：　　　　　　　相距：

9. 外耳的位置<u>原本</u>很低。

　　原本：

10. 至第2个月末,胚胎颜面<u>初具人貌</u>。

　　初具人貌：

(五) 根据课文内容完成下列表格

胚胎前两个月的颜面发生

发育的部位	发育形成的新部位或器官
胚体头部	
头部两侧的间充质	
第一鳃弓腹侧部分	
鼻板	
鼻窝	
上颌隆起	
下颌隆起	
内侧鼻隆起	
外侧鼻隆起	
额鼻隆起的下部正中组织	
额鼻隆起的上部	

（六）从课文中找出固定结构

（七）根据课文内容回答问题

1. 用括号中的词语写出整个鼻子的形成过程。（鼻板、鼻窝、内外侧鼻隆起、鼻梁、鼻尖、鼻孔、鼻腔）

2. 举两个例子说明颜面的演化是从两侧向正中方向发展的。

（八）课堂活动

1. 写出下图各位置对应的术语,并互相说说人胚第5周颜面的组成。

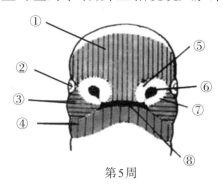

第5周

2. 互相说说鼻子的发生发育过程。

第十四课

泌尿系统的发生

 一、生词

普通词语

1. 起源	qǐyuán	动	开始发生:~于
2. 纵行	zòngxíng	动	沿着南北、上下或者前后的方向行走:~的索状结构
3. 相继	xiāngjì	副	一个跟着一个,先后:~出现
4. 初	chū	名	开始的一段时间:第4周~
5. 横行	héngxíng	动	沿着东西或者左右方向行走:~的索状结构
6. 意义	yìyì	名	作用:无功能~
7. 退化	tuìhuà	动	生物体在生命过程中某些器官变小,结构变简单,功能减退甚至完全消失:器官~
8. 从……而来	cóng……ér lái		来自……
9. 于是	yúshì	连	表示后一事紧跟着前一事,后一事往往是前一事引起的。
10. 改称	gǎichēng	动	改变名称,更改名称:A~B
11. 通入	tōngrù	动	连通并进入:A~B
12. 短暂	duǎnzàn	形	时间很短:~的功能活动
13. 源于	yuányú	动	来自……,从……而来:~中胚层
14. 永久	yǒngjiǔ	形	永远,长久:~肾
15. 持续	chíxù	动	按照原来的样子继续下去:~了5天

| 16. 演变 | yǎnbiàn | 动 | （指花时间比较长的）发展变化：鼻窝~为鼻孔 |

专业词语

1. 泌尿系统	mìxiào xìtǒng		由肾、输尿管、膀胱和尿道等组成，主要功能是排除体内过多的水分、无机盐和代谢废物。urinary system
泌尿	mìniào	动	排出尿液。urinate
2. 生殖系统	shēngzhí xìtǒng		生物体产生生殖细胞用来繁殖后代的系统。genital system
3. 生殖腺	shēngzhíxiàn	名	gonad
4. 间介中胚层	jiānjiè zhōngpēicéng		intermediate mesoderm（见注释1）
5. 侧褶	cèzhě	名	人胚发育至第3周末，三胚层胚盘向腹侧卷折，两侧卷折形成侧褶。
褶	zhě	名	衣服、布、纸等折叠后形成的条纹：衣~
6. 体节	tǐjié	名	somite（见注释2）
7. 生肾索	shēngshènsuǒ	名	nephrogenic cord
8. 背主动脉	bèizhǔdòngmài	名	aorta dorsalis
9. 尿生殖嵴	niàoshēngzhíjí	名	urogenital ridge
10. 生殖管道	shēngzhí guǎndào		reproductive tract
11. 中肾嵴	zhōngshènjí	名	mesonephric fold
12. 生殖腺嵴	shēngzhíxiànjí	名	gonadial ridge
13. 盆部	pénbù	名	pelvic part
14. 前肾	qiánshèn	名	由前肾小管和前肾管组成。pronephros
15. 中肾	zhōngshèn	名	mesonephros

16. 后肾	hòushèn		名	metanephros
17. 细胞索	xìbāosuǒ			细胞呈索状排列。
18. 前肾小管	qiánshèn xiǎoguǎn			pronephric tubules
19. 胚内体腔	pēinèi tǐqiāng			intraembryonic coelom（见注释3）
20. 前肾管	qiánshènguǎn		名	pronephric duct
21. 中肾管	zhōngshènguǎn		名	mesonephric duct
22. 中肾小管	zhōngshèn xiǎoguǎn			mesonephric tubule
23. 泄殖腔	xièzhíqiāng		名	cloacae
24. 生后肾原基	shēnghòushèn yuánjī			metanephrogenic blastema
25. 输尿管芽	shūniàoguǎnyá		名	ureteric bud
26. 成体	chéngtǐ		名	成熟的个体。adult
27. 胎儿期	tāi'érqī		名	胎儿出生前的时间。
胎儿	tāi'ér		名	胚盘发育为胚体，胚体发育到第8周末颜面形成后为胎儿。
28. 羊水	yángshuǐ		名	amniotic fluid
29. 背外侧	bèiwàicè		名	背侧方向的外侧。
30. 盲	máng		动	医学上常把管状器官结束的部分称为"盲×"。如盲端、盲段、盲部、盲管。
31. 肾盂	shènyú		名	是所有肾单位的肾小管集合的部位，下通输尿管。pelvis
32. 肾盏	shènzhǎn		名	肾小盏和肾大盏的统称。

二、课文

泌尿系统和**生殖**系统的主要器官肾及**生殖腺**均**起源**于**间介中胚层**。胚胎发育第4周,随着胚体**侧褶**的形成,间介中胚层逐渐向腹侧移动,并与**体节**分离,形成左、右两条**纵行**的索状结构,称**生肾索**。第4周末,生肾索体积不断增大,从胚体后壁突向体腔,在**背主动脉**两侧形成左右对称的一对纵行隆起,称**尿生殖嵴**,它是肾、生殖腺及**生殖管道**发生的原基。

尿生殖嵴进一步发育,中部出现一条纵沟,将其分成内、外两部分。外侧部分长而粗,为**中肾嵴**;内侧部分短而细,为**生殖腺嵴**。

人胚肾的发生可分为三个阶段,即从胚体颈部向**盆部相继**出现的**前肾**、**中肾**和**后肾**。

前肾发生最早,人胚第4周**初**,位于颈部第7—14体节的外侧,生肾索的头端部分形成数条**横行细胞索**,称**前肾小管**,其内侧端开口于**胚内体腔**,外侧端均向尾部延伸,并互相连接成一条纵行的**前肾管**。前肾在人类无功能**意义**,于第4周末即**退化**,但前肾管的大部分保留,向尾部继续延伸,成为**中肾管**。

中肾发生于第4周末。继前肾之后,位于第14—28体节外侧的中肾嵴内,从头至尾相继发生许多横行小管,称**中肾小管**。两侧中肾小管共约80对,每个体节相应位置有2—3条。中肾小管呈"S"形弯曲,其内侧端膨大并凹陷成肾小囊,内有从背主动脉分支**而来**的毛细血管球,即

问题1. 肾和生殖腺起源于哪里?

问题2. 什么是生肾索和尿生殖嵴?

问题3. 什么是中肾嵴和生殖腺嵴?

问题4. 前肾小管与前肾管是什么关系?

问题5. 中肾小管有什么特点?中肾管如何形成?

肾小球，两者共同组成肾小体。中肾小管外侧端与向尾延伸的前肾管相吻合，**于是前肾管改称为中肾管**。中肾管尾端**通入**泄殖腔。人的中肾可能有**短暂**的功能活动，直至后肾形成。至第2个月末，中肾大部分退化，仅留下中肾管及尾端小部分中肾小管。

后肾起源于**生后肾原基**和**输尿管芽**两个不同的部分，但均**源于**中胚层。后肾发育为**成体**的**永久**肾。人胚第5周初，当中肾仍在发育中，后肾即开始形成。第11—12周，后肾开始产生尿液，其功能**持续**于整个**胎儿期**。尿液排入羊膜腔，组成**羊水**的主要成分。

输尿管芽是中肾管末端近泄殖腔处向**背外侧**长出的一个**盲管**，逐渐**演变**为输尿管、**肾盂**、**肾盏**和集合小管。

问题6. 后肾有什么特点？

问题7. 羊水的主要成分是什么？

三、课文图例

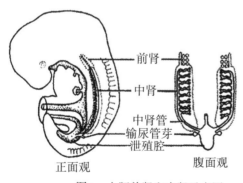

图1 人胚前肾和中肾示意图

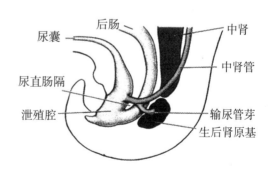

图2 人胚第5周末的中肾和后肾

四、注释

1. 间介中胚层

从原结向头侧迁移的间充质细胞,形成一条单独的细胞索,称脊索。胚内中胚层在脊索两旁依次分化为轴旁中胚层、间介中胚层和侧中胚层。间介中胚层位于轴旁中胚层与侧中胚层之间,将分化成泌尿生殖系统的主要器官。

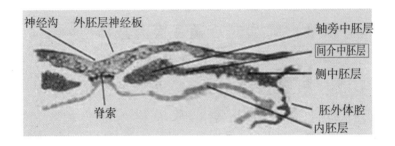

2. 体节

由轴旁中胚层演变为块状细胞团,即为体节。体节左右成对,从胚体的头端向尾侧依次形成。体节将分化为真皮、脊柱、肋骨和骨骼肌。第5周时体节全部形成,共约42—44对。

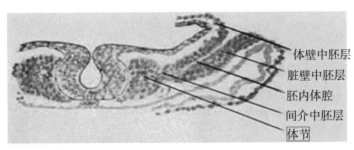

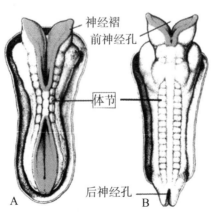

3. 胚内体腔

由侧中胚层分化而成,将来形成心包腔、胸膜腔和腹膜腔。此腔向外延伸则与胚外体腔相接。

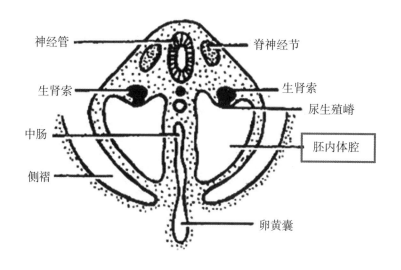

五、练习

(一) 听与读

泌尿系统　生殖系统　生殖腺　间介中胚层　体节　生肾索

尿生殖嵴　前肾　中肾　后肾　前肾小管　中肾小管　前肾管

中肾管　中肾嵴　泄殖腔　生后肾原基　输尿管　输尿管芽

肾盂　肾盏　集合小管

(二) 解释下面画线词语的意思

1. 尿生殖嵴进一步发育,中部出现一条纵沟,将<u>其</u>分成内、外两部分。

   其:

2. 生肾索的头端部分形成数条横行细胞索,称前肾小管,<u>其</u>内侧端开口于胚内体腔。

   其:

3. 中肾小管呈"S"形弯曲,其内侧端膨大并凹陷成肾小囊,内有从背主动脉分支而来的毛细血管球,即肾小球,<u>两者</u>共同组成肾小体。

   其:　　　　　　　两者:

4. 后肾起源于生后肾原基和输尿管芽两个不同的部分,但均源于中胚层。

　　均:　　　　　　　　　源于:

5. 人胚第5周初,当中肾仍在发育中,后肾即开始形成。

　　仍:　　　　　　　　　即:

6. 第11—12周,后肾开始产生尿液,其功能持续于整个胎儿期。

　　其:　　　　　　　　　于:

(三)根据课文内容标出下列物质的位置

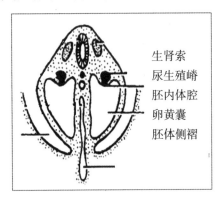

生肾索
尿生殖嵴
胚内体腔
卵黄囊
胚体侧褶

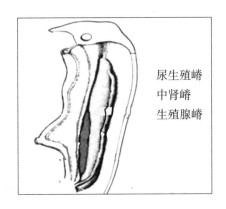

尿生殖嵴
中肾嵴
生殖腺嵴

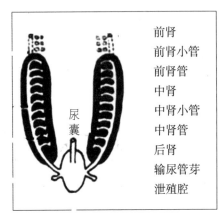

前肾
前肾小管
前肾管
中肾
中肾小管
中肾管
后肾
输尿管芽
泄殖腔

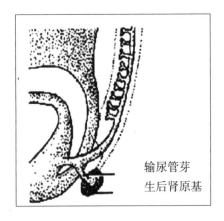

输尿管芽
生后肾原基

(四)根据课文内容完成下列表格

	发生时间	发生位置	构成	功能意义	退化时间及部分	退化后保留部分
前肾						
中肾						
后肾						

(五) 根据课文内容填空

1. 肾及生殖腺均起源于_____。
2. 胚胎发育第4周,间介中胚层逐渐形成左、右两条纵行的索状结构,称_____。
3. _____是肾、生殖腺及生殖管道发生的原基。
4. 尿生殖嵴进一步发育为内、外两部分,外侧为_____;内侧为_____。
5. 人胚第4周初,生肾索的头端部分形成数条横行细胞索,称_____。
6. 各前肾小管外侧端向尾部延伸,互相连接成一条纵行的_____。
7. 人胚第4周末,前肾管与中肾小管相吻合,于是前肾管改称为_____。
8. 后肾起源于_____和输尿管芽两个不同的部分。
9. 后肾产生的尿液排入羊膜腔,组成_____的主要成分。
10. 输尿管芽是中肾管末端近_____处向背外侧长出的一个盲管。

(六) 选择正确的答案(可多选)

1. 随着胚体侧褶的形成,间介中胚层逐渐向腹侧移动,并与体节分离,形成左、右两条纵行的索状结构,称生肾索。

   A. 生肾索在间介中胚层与体节分离后形成
   B. 生肾索在间介中胚层与体节分离前形成
   C. 生肾索一共有两条:左边一条,右边一条
   D. 生肾索一共有四条:左边两条,右边两条

2. 人胚肾的发生可分为三个阶段,即从胚体颈部向盆部相继出现的前肾、中肾和后肾。

   A. 前肾、中肾和后肾同时出现
   B. 前肾先出现,接着出现中肾,最后出现后肾
   C. 前肾、中肾和后肾都是在胚体的颈部到盆部之间发生的
   D. 前肾在颈部发生,中肾在颈部与盆部之间发生,后肾在盆部发生

3. 人的中肾可能有短暂的功能活动,直至后肾形成。

  A. 中肾一直都有功能活动

  B. 中肾在后肾形成前可能有功能活动

  C. 中肾在后肾形成后可能有功能活动

  D. 中肾在后肾形成的时候有功能活动

4. 后肾发育为成体的永久肾。人胚第5周初,当中肾仍在发育中,后肾即开始形成。

  A. 后肾形成后,不会退化

  B. 后肾和前肾、中肾一样会退化

  C. 后肾开始形成时,中肾还在发育

  D. 后肾开始形成时,中肾已完成发育

(七) 根据课文内容回答问题

 1. 中肾小管与肾小囊、肾小球、肾小体有什么关系?

 2. 简单说明前肾、中肾和后肾的发育演变过程。

(八) 课堂活动

 根据练习(三)互相说说各术语所指物质的位置。

第十五课

心脏的发生

 一、生词

普通词语

1. 前缘	qiányuán	名	物体前部的边缘:胚盘~
2. 密集	mìjí	动	数量很多地聚集在一起:中胚层细胞~
3. 并列	bìngliè	动	并排平列,不分主次:左右~
4. 卷曲	juǎnqū	动	弯曲:向腹侧~
5. 以致	yǐzhì	连	表示结果,用在下半句的开头。(见注释1)
6. 转	zhuǎn	动	改变方向、位置:~至背侧
7. 渐渐	jiànjiàn	副	表示程度或数量慢慢增加或减少:~陷入
8. 如此	rúcǐ	代	指上面提到的某种情况。(见注释2)
9. 悬	xuán	动	挂:~挂
10. 遂	suì	副	就,于是。
11. 交通	jiāotōng	动	互相连通:左右~
12. 孔道	kǒngdào	名	由孔形成的通道:左右交通的~
13. 存留	cúnliú	动	保存、留下:在头端~
14. 将来	jiānglái	名	时间词,现在以后的时间。指较长的时间后。
15. 胶样	jiāoyàng	形	像胶一样的:~结缔组织
16. 固定	gùdìng	形	不变动的,不移动的:~在……上
17. 是为	shì wéi		这是:~原始口腔
18. 角	jiǎo	名	牛、羊等动物头上长出的比较硬的东西称角,一般细长而弯曲。也可以用来称形状像角的东西:左右两~
19. 稍	shāo	副	表示数量不多或程度不深,有点儿:~左

20. 偏	piān	动	位置不在正中,向正中以外:~右
21. 扭曲	niǔqū	动	转动使原先的形状弯曲变形:~为"S"形
22. 至此	zhì cǐ		到这里,到这种情况。
23. 完全	wánquán	形	完整,齐全:不~
24. 告	gào	动	表示某种情况的完成:才~完成

专业词语

1. 生心区	shēngxīnqū	名	cardiogenic area
2. 口咽膜	kǒuyānmó	名	oropharyngeal membrane
3. 原始横隔	yuánshǐ hénggé		primitive septum transversum
4. 围心腔	wéixīnqiāng	名	pericardial coelom
5. 生心板	shēngxīnbǎn	名	cardiogenic plate
6. 心管	xīnguǎn	名	cadiac tube
7. 头褶	tóuzhě	名	head fold
8. 心包腔	xīnbāoqiāng	名	pericardial cavity
9. 心背系膜	xīnbèi xìmó		dorsal mesocardium
10. 心包横窦	xīnbāo héngdòu		transverse pericardial sinus
窦	dòu	名	孔,洞。
11. 心肌外套层	xīnjī wàitàocéng		myoepicardial mantle
12. 心肌膜	xīnjīmó	名	myocardium
13. 心外膜	xīnwàimó	名	epicardium
14. 心胶质	xīnjiāozhì	名	cardiac jelly
15. 心内膜	xīnnèimó	名	endocardium
16. 心球	xīnqiú	名	bulbus cordis
17. 静脉窦	jìngmàidòu	名	venous sinus
18. 总主静脉	zǒngzhǔjìngmài	名	common cardinal vein
19. 脐静脉	qíjìngmài	名	umbilical veins
20. 卵黄静脉	luǎnhuáng jìngmài	名	vitelline veins
21. 窦房孔	dòufángkǒng	名	sinoatrial orifice

22. 动脉干	dòngmàigàn	名	truncus artiriosus
23. 心动脉球	xīndòngmàiqiú	名	bulbus arteriosus cordis
24. 原始右心室	yuánshǐ yòuxīnzhì	名	primitive right ventricle
25. 原始左心室	yuánshǐ zuǒxīnshì	名	primitive left ventricle
26. 室间沟	shìjiāngōu	名	interventricular groove

二、课文

心血管系统是由中胚层分化而来的。心脏发生于**生心区**。即胚盘**前缘口咽膜**前面的中胚层，此区前方的中胚层为**原始横隔**。

问题1. 生心区前方的中胚层是什么？

人胚第18—19天，生心区的中胚层内出现**围心腔**，围心腔腹侧的中胚层细胞**密集**，形成前后纵行、左右**并列**的一对长索，称**生心板**。生心板的中央变空，逐渐形成一对**心管**。由于出现**头褶**，胚体头端向腹侧**卷曲，以致**原来位于口咽膜头侧的心管和围心腔**转**至口咽膜的腹侧，原来在围心腔腹侧的心管则转至它的背侧。当胚体发生侧褶时，一对并列的心管逐渐向中线靠拢，并从头端向尾端融合为一条。与此同时，心管与周围的间充质一起在**心包腔**（即围心腔）的背侧**渐渐陷入，如此**便在心管的背侧出现了**心背系膜**，将心管**悬**连于心包腔的背侧壁。心背系膜的中部很快退化消失，**遂**形成一个左右**交通**的**孔道**，即**心包横窦**。心背系膜仅在心管的头、尾端**存留**。当心管融合和陷入心包腔时，其周围的间充质逐渐密集，形成一层厚的**心肌外套层**，将来分化成为**心肌膜**和**心外膜**。内皮和

问题2. 生心板和心管是如何形成的？

问题3. 一对心管如何融合为一条？

问题4. 心背系膜和心包横窦是如何形成的？

心肌外套层之间的组织为较疏松的**胶样**结缔组织,称**心胶质**,将来参与组成**心内膜**。

　　心管的头端与动脉连接,尾端与静脉相连,两端连接**固定**在心包上。心管各段因生长速度不同,首先出现三个膨大,由头端向尾端依次称**心球**、心室和心房。以后在心房的尾端又出现一个膨大,**是为静脉窦**。静脉窦分为左、右两**角**。左、右总**主静脉**、**脐静脉**和**卵黄静脉**分别通入两角。心房和静脉窦早期位于原始横隔内。不久,心房渐渐离开原始横隔,位置逐渐移至心室头端背侧,并**稍偏**左。静脉窦也从原始横隔内游离出来,位于心房的背面尾侧,以**窦房孔**与心房通连。此时的心脏外形**扭曲**为"S"形,心球则可分为三段:远侧段细长,为**动脉干**;中段较膨大,为**心动脉球**;近侧段被心室吸收,成为**原始右心室**。原来的心室成为**原始左心室**,左、右心室之间的表面出现**室间沟**。**至此**,心脏已初具成体心脏的外形,但内部的左右分隔仍不**完全**,约在第5周末才**告**完成。

问题5.心管的头端和尾端分别与什么连接?

问题6.从尾端向头端依次说出心管的四个膨大。

问题7.心球分为哪三段?

问题8.心脏内部的分隔什么时候完成?

第十五课 心脏的发生

三、课文图例

① 生心区（口咽膜前方的中胚层）

② 出现生心板和围心腔

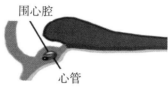
③ 心管在围心腔的腹侧

④ 心管转至围心腔的背侧

图1　心管的形成和位置变化

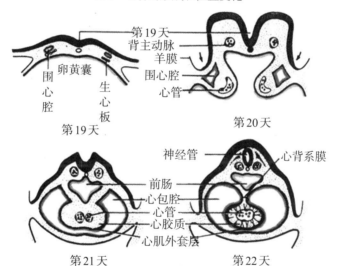

图2　心胞腔的形成和心管的融合

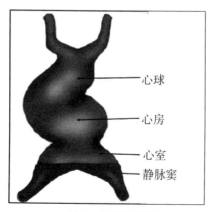

图3　心管的发育

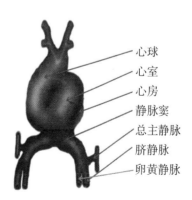

图4　心球、心房和心室的发育

四、注释

1. 以致

连词,书面语,表示结果。用于第二个小句的开头,表示后面所说的结果是由于前面小句说到的原因造成的。如:
(1) 原条两侧的间充质细胞向侧方扩展,~在内、外胚层之间形成胚内中胚层。
(2) 由于出现头褶,胚体头端向腹侧卷曲,~原来位于口咽膜头侧的心管和围心腔转至口咽膜的腹侧。

2. 如此

指示代词,书面语,指上面提到的某种情况。如:
(1) 随着脑与颅的增大以及上颌与鼻的形成,原先相距很远的两眼逐渐向中线靠近,~两眼便处于同一平面。
(2) 心管与周围的间充质一起在心包腔的背侧渐渐陷入,~便在心管的背侧出现了心背系膜。

五、练习

(一) 听与读

生心区 生心板 心管 口咽膜 围心腔 头褶 心包腔
心背系膜 原始横隔 心包横窦 心肌外套层 心肌膜 心外膜
心内膜 心球 静脉窦 原始右心室 原始左心室 窦房孔
动脉干 室间沟 心动脉球 总主静脉 脐静脉 卵黄静脉

(二) 根据课文内容填空

1. 心脏发生于_____。
2. 围心腔腹侧的中胚层细胞密集,形成前后纵行、左右并列的一对_____。
3. 生心板的中央变空,逐渐形成一对_____。

4. 由于出现头褶，原来位于口咽膜头侧的心管和_____转至它的腹侧，原来在围心腔腹侧的_____则转至它的背侧。
5. 当胚体发生侧褶时，一对并列的_____逐渐向中线靠拢融合为一条。
6. _____将心管悬连于心包腔的背侧壁。
7. 左、右总主静脉、_____和卵黄静脉分别通入_____的两角。
8. 心房和静脉窦早期位于_____内。
9. 静脉窦和心房以_____通连。
10. 心球的近侧段被心室吸收，成为_____。

（三）解释下面画线词语的意思

1. 心脏发生于<u>生心区</u>。即胚盘前缘口咽膜前面的中胚层，<u>此区</u>前方的中胚层为原始横隔。

   此区：

2. 原来位于口咽膜头侧的心管和围心腔<u>转至</u>口咽膜的腹侧。

   转至：

3. 心管与周围的间充质一起在心包腔的背侧渐渐陷入，<u>如此</u>便在心管的背侧出现了心背系膜。

   如此：

4. 心背系膜的中部很快退化消失，<u>遂</u>形成一个左右交通的心包横窦。

   遂：

5. 当心管融合和陷入心包腔时，<u>其</u>周围的间充质逐渐形成心肌外套层。

   其：

6. 心房的尾端出现一个膨大，<u>是为</u>静脉窦。

   是为：

7. 心房渐渐离开原始横隔，位置逐渐<u>移至</u>心室头端背侧，并<u>稍</u>偏左。

   移至：　　　　　　稍：

8. <u>至此</u>，心脏已<u>初具</u>成体心脏的外形。

   至此：　　　　　　初具：

(四)根据课文内容完成下列表格

演变或分化前的物质	演变或分化后成为的物质
围心腔	
生心板	
心背系膜中部退化	
心肌外套层	
心胶质	
心球远侧段	
心球中段	
心球近侧段	
胚体原来的心室	

(五)根据课文内容标出下列物质的位置

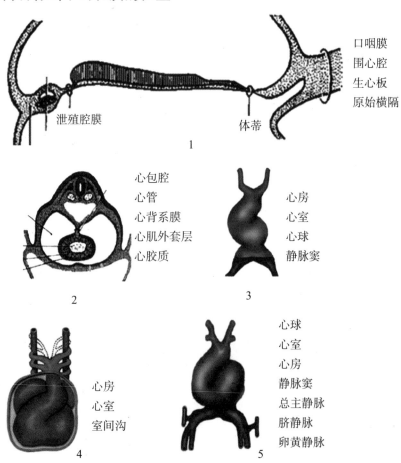

(六) 从课文中找出固定结构

(七) 根据课文内容判断正误

（　　）1. 心管最初位于口咽膜头侧、围心腔的背侧，后来转至口咽膜和围心腔的腹侧。

（　　）2. 当胚体发生侧褶时，一对并列的心管逐渐从头端向尾端融合为一条。

（　　）3. 心包腔是由围心腔变化而来的。

（　　）4. 心包横窦是心背系膜的中部退化消失后形成的。

（　　）5. 心背系膜的中部退化消失后，在心管的头、尾两端仍存留。

（　　）6. 心管的头端与静脉连接，尾端与动脉相连。

（　　）7. 静脉窦的出现比心球、心室和心房要晚。

（　　）8. 静脉窦和心房一直位于原始横隔内。

（　　）9. 静脉窦和心房以窦房孔相通。

（　　）10. 原始左心室是由原来的心室发育而来的，原始右心室是由心球近侧段被心室吸收而成的。

(八) 根据课文内容回答问题

1. 生心板的数量是多少？心管的数量开始时是多少？后来是多少？为什么？
2. 简单说明心房和心室的形成过程。

(九) 课堂活动

1. 互相说说心管和围心腔位置如何变化。
2. 互相说说心房和静脉窦的位置如何变化。
3. 互相说说三段心球的特点和名称。

第十六课

心血管系统的常见畸形

一、生词

普通词语

1. 过度	guòdù	形	超过正常的界限:~吸收
2. 遮盖	zhēgài	动	覆盖:完全~
3. 融合	rónghé	动	相互结合:A与B~
4. 由于……所致	yóuyú……suǒzhì		见注释1。
5. 缘故	yuángù	名	原因:致病的~
6. 伴有	bànyǒu	动	见注释2。
7. 开放	kāifàng	动	打开,开启:瓣膜~
8. 均等	jūnděng	形	相等,一样:不~
9. 致使	zhìshǐ	动	导致,引起:~脑缺血
10. 偏移	piānyí	动	离开正常位置向旁边移动:向右~

专业词语

1. 畸形	jīxíng	名	多指因遗传或病变引起的不同于正常的形状。malformation
2. 先天性	xiāntiānxìng	形	一出生就有的。congenital
3. 房间隔	fángjiāngé	名	又名"房中隔"。interatrial septum
隔	gé	名	septum
4. 房间隔缺损	fángjiāngé quēsǔn		atrial septal defect (ASD)

缺损	quēsǔn	名	又称结构功能缺损,指由于发育上的疾病或损伤,造成人体解剖结构或功能受到损害。defect
5. 室间隔缺损	shìjiāngé quēsǔn		ventricular septal defect (VSD)
室间隔	shìjiāngé	名	ventricular septum
6. 动脉导管未闭	dòngmài dǎoguǎn wèi bì		patent ductus arteriosus (PDA)
动脉导管	dòngmài dǎoguǎn		arterial duct
7. 动脉干分隔异常	dòngmàigàn fēngé yìcháng		anomaly division of arterial trunk
异常	yìcháng	形	不正常:功能~
8. 卵圆孔未闭	luǎnyuánkǒng wèi bì		acleistocardia
卵圆孔	luǎnyuánkǒng	名	foramen ovale
9. 卵圆孔瓣	luǎnyuánkǒngbàn	名	valves of foramen ovale
10. 穿孔	chuānkǒng	动	身体器官因病变出现的孔。perforate
11. 原发隔	yuánfāgé	名	septum primum
原发	yuánfā	形	最先发生的。primary
12. 继发孔	jìfākǒng	名	foramen secundum
继发	jìfā	形	不是最先发生的。secondary
13. 继发隔	jìfāgé	名	secondary septum
14. 心内膜垫	xīnnèimódiàn	名	endocardial cushions
15. 膜性	móxìng	名	membrance
16. 室间隔膜性缺损	shìjiāngé móxìng quēsǔn		membranous ventricular septal defect
17. 室间隔肌性缺损	shìjiāngé jīxìng quēsǔn		muscular ventricular septal defect
肌性	jīxìng	名	muscle
18. 球嵴	qiújí	名	bulbar ridge

19. 室间隔肌部	shìjiāngé jībù		muscular part of interventricular septum
20. 单发性	dānfāxìng	名	solitary
21. 多发性	duōfāxìng	名	multiple
22. 肺动脉	fèidòngmài	名	pulmonary artery
23. 错位	cuòwèi	动	身体器官偏离正常部位的状态。dislocation
24. 法洛四联症	fǎluòsìliánzhèng	名	tetralogy of Fallot
25. 主肺动脉隔	zhǔfèidòngmàigé	名	aortico-pulmonary septum
26. 肺循环	fèixúnhuán	名	pulmonary circulation
27. 体循环	tǐxúnhuán	名	systemic circulation
28. 骑跨	qíkuà	动	越过某个界限向前或向旁边移动：主动脉~
29. 主动脉骑跨	zhǔdòngmài qíkuà		aortic overriding
30. 右心室肥大	yòuxīnshì féidà		right ventricular hypertrophy
31. 肺动脉狭窄	fèidòngmài xiázhǎi		pulmonic stenosis

二、课文

心血管系统发生过程的变化较大,因而**先天性**畸形的发生也较多见,最常见的有**房间隔缺损**、**室间隔缺损**、**动脉导管未闭**和**动脉干分隔异常**等。

问题1. 心血管系统最常见的先天性畸形有哪几种？

房间隔缺损最常见的为**卵圆孔未闭**,其产生的原因主要有:**卵圆孔瓣**出现许多**穿孔**；**原发隔**在形成**继发孔**时**过度**吸收,形成短的卵圆孔瓣,不能完全**遮盖**卵圆孔；**继发隔**发育不全,形成异常大的卵圆孔,正常发育的原发隔形成卵圆孔瓣未能完全关闭卵圆孔；原发隔过度吸收,同时继发隔又形成大的卵圆孔,导致更大的房

问题2. 最常见的房间隔缺损是什么？原因是什么？

间隔缺损。此外，**心内膜垫**发育不全，原发隔不能与其**融合**，也可造成房间隔缺损。

室间隔缺损有**室间隔膜性缺损**和**室间隔肌性缺损**两种情况。前者较为常见，是**由于心内膜垫**组织扩展时不能与**球嵴**和**室间隔肌部**融合**所致**。后者较为少见，是由于肌性隔形成时心肌膜组织过度吸收所造成的，可出现在肌性隔的各个部位，呈**单发性**或**多发性**。

动脉导管未闭多见于女性，约为男性的2—3倍。发生原因可能是由于出生后的动脉导管壁肌组织不能收缩所致。

动脉干分隔异常分为主动脉和**肺动脉错位**、主动脉或肺动脉狭窄和**法洛四联症**。

主动脉和肺动脉错位为主动脉位于肺动脉的前面，由右心室发出，肺动脉干则由左心室发出。其发生的原因是在动脉干和心动脉球分隔时，**主肺动脉隔**不呈螺旋方向，而成直隔的**缘故**。常伴有隔缺损或动脉导管**开放**，使**肺循环**和**体循环**之间出现多处直接交通。

主动脉或肺动脉狭窄是由于动脉干分隔时**不均等**，以致形成一侧动脉粗大，另一侧动脉狭小，即肺动脉或主动脉狭窄。此时的主肺动脉隔常不与室间隔成一直线生长，因而还易造成室间隔膜部缺损，较大的动脉（主动脉或肺动脉）**骑跨**在膜的缺损部。

法洛四联症是指肺动脉狭窄（或右心室出口处狭窄）、室间隔缺损、**主动脉骑跨**和**右心室肥大**。这种畸形发生的主要原因是动脉干分隔

问题3.说说室间隔缺损的两种情况及其形成的原因？

问题4.什么是主动脉和肺动脉错位？其产生的原因是什么？

问题5.什么是主动脉或肺动脉狭窄？它们易造成什么畸形？

问题6.什么是法洛四联症？其产生的原因是什么？

不均,**致使肺动脉狭窄**和室间隔缺损,肺动脉狭窄造成右心室肥大,粗大的主动脉向右侧**偏移**而骑跨在室间隔缺损处。

三、课文图例

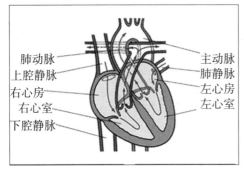

图1　正常心脏和血液循环

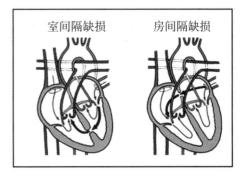

图2　室间隔缺损和房间隔缺损

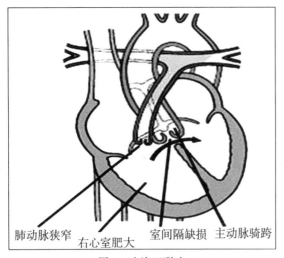

图3　法洛四联症

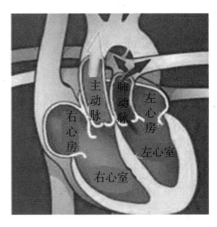

图4　主动脉和肺动脉错位

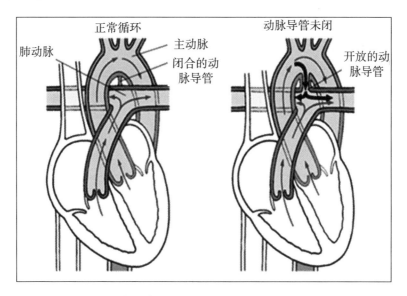

图5 正常闭合的动脉导管和动脉导管未闭对照图

1. 由(于)……所致

固定结构,用来解释原因,原因放在"所致"的前边。如:

(1) 室间隔膜性缺损是由于心内膜垫组织扩展时不能与球嵴和室间隔肌部融合所致。

(2) 动脉导管未闭的发生原因可能是由于出生后的动脉导管壁肌组织不能收缩所致。

2. 伴有

医学上常指本身疾病引起的其他疾病或者除了有本身疾病外还有其他病症。如:

(1) 主动脉和肺动脉错位常~隔缺损或动脉导管开放。

(2) 感冒常~头疼、发热等症状。

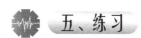

(一) 听与读

先天性畸形　房间隔缺损　室间隔缺损　动脉导管未闭

动脉干分隔异常　卵圆孔未闭　卵圆孔瓣　原发隔　继发孔
继发隔　心内膜垫　室间隔膜性缺损　室间隔肌性缺损　球嵴
主动脉和肺动脉错位　主动脉或肺动脉狭窄　法洛四联症
肺循环　体循环　主动脉骑跨　右心室肥大　动脉狭窄

（二）根据课文内容填空

1. 心血管系统最常见的先天性畸形有房间隔缺损、_____、动脉导管未闭和_____等。

2. 房间隔缺损最常见的是_____。

3. 心内膜垫发育不全，原发隔不能与其融合，也可造成_____。

4. 室间隔缺损有_____和_____两种。

5. 室间隔膜性缺损是由于_____组织扩展时不能与_____和室间隔肌部融合所致。

6. 室间隔肌性缺损可出现在_____的各个部位，呈_____或多发性。

7. 主动脉和肺动脉错位为_____位于肺动脉的前面，由右心室发出，肺动脉干则由_____发出。

8. 主动脉和肺动脉错位常伴有隔缺损或_____，使_____和体循环之间出现多处直接交通。

（三）解释下面画线词语的意思

1. 心内膜垫发育<u>不全</u>，原发隔不能与<u>其</u>融合，可造成房间隔缺损。

   不全：　　　　　　　其：

2. 原发隔在形成继发孔时<u>过度</u>吸收，形成短的卵圆孔瓣，不能完全遮盖卵圆孔。

   过度：

3. 室间隔缺损有室间隔膜性缺损和室间隔肌性缺损两种情况，<u>前者</u>较为常见，<u>后者</u>较为少见。

   前者：　　　　　　　后者：

4. 动脉导管未闭可能是由于出生后的动脉导管壁肌组织不能收缩<u>所致</u>。

   所致：

5. 主动脉或肺动脉狭窄是由于动脉干分隔时<u>不均等</u>,形成一侧动脉粗大,另一侧动脉狭小。

   不均等：

（四）名词解释

法洛四联症——

（五）根据课文内容指出下面各图对应的心血管系统畸形

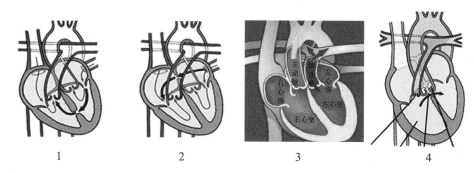

  1   2   3   4

（六）根据课文内容完成下列表格

心血管系统的畸形	产生畸形的原因
室间隔膜性缺损	
室间隔肌性缺损	
主动脉和肺动脉错位	
主动脉或肺动脉狭窄	
法洛四联症	

（七）根据课文内容回答问题

1. 卵圆孔未闭的原因是什么？
2. 简单说明主动脉和肺动脉错位与主动脉或肺动脉狭窄的区别。

（八）课堂活动

1. 互相说说卵圆孔未闭产生的主要原因。
2. 根据练习（五）的图例互相说说心血管系统常见的畸形。

耳的发生

一、生词

普通词语

1. 故而	gù'ér	连	因此,所以。
2. 体表	tǐbiǎo	名	身体表面:~外胚层
3. 诱导	yòudǎo	动	指通过用某种手段或方法去带动某事物的发展变化。guide:在……的~下
4. 包绕	bāorào	动	包围环绕。surround:心脏被心包~。
5. 套	tào	动	完全覆盖:髓鞘~在神经纤维的外表。
6. 隔以	gé yǐ		用……隔开。separated by:左右心室间~室间隔。
7. 扩伸	kuòshēn	动	扩展延伸。stretch:向背外侧~
8. 细窄	xìzhǎi	形	又小又窄:~的管道
9. 结节状	jiéjiézhuàng	名	结节指生物体表面或内部组织中圆形的小突起,结节状指圆形小突起的形状。nodositas:~隆起
10. 一般而言	yībān ér yán		generally speaking(见注释1)
11. 僵直	jiāngzhí	形	因为冷或病变等原因变得又硬又直,不能弯曲。stiff:~的腿
12. 表明	biǎomíng	动	清楚地表示:研究~
13. 大多	dàduō	副	大多数,大部分:~由环境所致
14. 因素	yīnsù	名	决定事物发展变化的原因或条件。factor:遗传~

第十七课　耳的发生

15. 干扰	gānrǎo	动	指使人或事物的活动不能正常进行。disturb:~正常发育
16. 身处	shēnchǔ	动	身体在……;身体处于……:~安静的环境
17. 噪音	zàoyīn	名	在一定环境中不应有而有的声音。noise:强~环境
18. 伤害	shānghài	动	身体的某个部位或功能受损。hurt:对听力造成~

专业词语

1. 内耳	nèi'ěr	名	inner ear
2. 中耳	zhōng'ěr	名	middle ear
3. 前庭	qiántíng	名	vestibule
4. 半规管	bànguīguǎn	名	semicircular canals
规	guī	名	画圆形的工具,代称圆形:半~
5. 耳蜗	ěrwō	名	cochlea
蜗(形)	wō(xíng)	名	蜗即蜗牛,是有螺旋形扁圆硬壳的软体动物;蜗形即螺旋形。snail:呈~形
6. 内耳迷路	nèi'ěr mílù		labyrinth of the inner ear
7. 菱脑	língnǎo	名	rhombencephalon
8. 听泡	tīngpào	名	otic vesicle
9. 前庭囊	qiántíngnáng	名	vestibular sac
10. 耳蜗囊	ěrwōnáng	名	cochlear sac
11. 囊管	nángguǎn	名	cystic duct
12. 内淋巴管	nèilínbāguǎn	名	endolymphatic duct
13. 椭圆囊	tuǒyuánnáng	名	utricle
14. 球囊	qiúnáng	名	saccule
15. 耳蜗管	ěrwōguǎn	名	cochlear duct
16. 内耳膜迷路	nèi'ěrmó mílù		inner ear membranous labyrinth
17. 软骨囊	ruǎngǔnáng	名	eartilage capsule

18. 骨化	gǔhuà	名	ossify
19. 骨迷路	gǔmílù	名	bony labyrinth
20. 外淋巴	wàilínbā	名	external lymph
21. 咽鼓管	yāngǔguǎn	名	auditory tube
22. 鼓室	gǔshì	名	tympanic cavity
23. 听小骨	tīngxiǎogǔ	名	ossicle
24. 韧带	rèndài	名	ligament
25. 咽囊	yānnáng	名	pharyngeal pouch
26. 鳃沟	sāigōu	名	branchial groove
27. 鼓膜	gǔmó	名	eardrum
28. 外耳道	wài'ěrdào	名	external auditory canal
29. 耳廓	ěrkuò	名	auricle
30. 外耳道栓	wài'ěrdàoshuān	名	meatal plug
栓	shuān	名	塞子（塞住容器口的东西），也泛指形状像塞子的东西。医学上常用来指身体器官上类似的结构。bolt: 外耳道~
31. 耳丘	ěrqiū	名	auricular hillock
32. 先天性耳聋	xiāntiānxìng ěrlóng		congenital deafness
33. 致畸	zhìjī	动	lead to teratogenicity
34. 妊娠	rènshēn	名	pregnancy
35. 风疹	fēngzhěn	名	rubella

二、课文

耳包括**内耳**、**中耳**和外耳三部分。

内耳包括**前庭**、**半规管**和**耳蜗**三部分,由结构复杂的弯曲管道组成,**故而又叫内耳迷路**。胚胎第4周时,**菱脑**两侧的**体表外胚层**在菱脑的**诱导**下增厚,继之向下方间充质内陷,最后与体表外胚层分离,形成一个囊状的**听泡**。听泡初为梨形,以后向背腹方向延伸增大,分为背侧的**前庭囊**和腹侧的**耳蜗囊**,并在背端内侧长出一小囊管,为**内淋巴管**。前庭囊形成三个半规管和**椭圆囊**的上皮;耳蜗囊形成**球囊**和**耳蜗管**的上皮。这样听泡及其周围的间充质便演变为**内耳膜迷路**。胚胎第3个月时,内耳膜迷路周围的间充质分化成一个**软骨囊**,**包绕**内耳膜迷路。约在胚胎第5个月时,软骨囊**骨化**成**骨迷路**。于是膜迷路就完全被**套**在骨迷路内,两者间仅**隔**以狭窄的**外淋巴间隙**。

中耳包括**咽鼓管**和**鼓室**等。咽鼓管为中耳与鼻咽部的通道。鼓室内有**听小骨**、**韧带**等。胚胎第9周时,第1**咽囊**向背外侧**扩伸**,远侧盲端膨大成鼓室,近端**细窄**形成咽鼓管。鼓室内胚层与第1**鳃沟**底的外胚层相贴,分别形成**鼓膜**内、外上皮,两者之间的间充质形成鼓膜的结缔组织。鼓室周围的间充质分化成三块听小骨,听小骨渐突入鼓室内。

外耳包括**外耳道**和**耳廓**两部分。外耳道由第1鳃沟演变形成。胚胎第2个月末,第1鳃沟

问题1. 为什么内耳又叫内耳迷路?

问题2. 听泡如何形成?有什么特点?

问题3. 说说听泡是如何发展演变的。

问题4. 骨迷路如何形成?

问题5. 什么是咽鼓管?它是如何形成的?

问题6. 鼓室内胚层形成什么?听小骨由什么形成?

问题7. 外耳道、耳丘和耳廓是怎样形成的?

向内深陷，形成漏斗状管道，以后演变成外耳道外侧段。管道的底部外胚层细胞增生成一上皮细胞板，称**外耳道栓**。胚胎第7个月时，外耳道栓内部细胞退化吸收，形成管腔，成为外耳道的内侧段。胚胎第6周时，第1鳃沟周围的间充质增生，形成6个**结节状**隆起，称**耳丘**。后来这些耳丘围绕外耳道口合并，演变成耳廓。

一般而言，内、中、外耳的发育异常均可导致**先天性耳聋**，如外耳道栓细胞未吸收造成外耳道闭锁；中耳鼓室闭锁或小骨发生异常，造成听骨链**僵直**。研究**表明**，先天性耳聋**大多**是遗传**因素**引起的，但有些是由于**致畸**因素的**干扰**，如**妊娠**早期感染**风疹**病毒、妊娠后期**身处**强噪音环境都会对胎儿的听力造成**伤害**。

问题8. 先天性耳聋主要有哪些类型？

三、课文图例

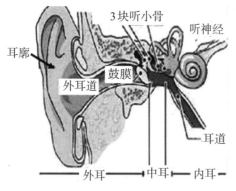

图1 外耳、中耳和内耳

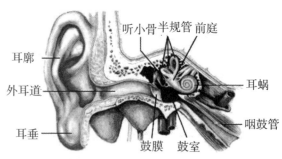

图2 耳的结构

四、注释

一般而言

又作"一般来说""一般地说"等,表示在一般情况下出现的情况。常用在总结性语段的开头,并用","与后面的句子分开。如:

(1)~,从精原细胞发育为精子,在人约需64±4.5天。

(2)~,心脏的内部分隔约在第5周末完成。

五、练习

(一) 听与读

前庭　前庭囊　半规管　耳蜗　耳蜗囊　耳蜗管
内淋巴管　内耳迷路　内耳膜迷路　软骨囊　骨化　骨迷路
外淋巴　咽鼓管　鼓室　听小骨　韧带　咽囊　鳃沟
鼓膜　外耳道　外耳道栓　耳廓　耳丘　先天性耳聋

(二) 根据课文内容填空

1. 内耳包括_____、半规管和_____三部分。

2. 中耳包括咽鼓管、_____等,咽鼓管为中耳与_____的通道。

3. 外耳包括外耳道和_____两部分。

4. 听泡向背腹方向延伸增大,分为_____的前庭囊和_____的耳蜗囊。

5. 内耳膜迷路完全被套在_____内,两者间仅隔以狭窄的_____间隙。

6. 胚胎第6周时,第1鳃沟周围的间充质增生,形成6个_____隆起,称耳丘。

7. 内、中、外耳的发育异常均可导致_____。

8. 先天性耳聋大多是_____引起的,但有些是由于_____的干扰。

(三) 解释下面画线词语的意思

1. 内耳由结构复杂的弯曲管道组成,<u>故而</u>又叫内耳迷路。

故而:

2. 菱脑两侧的体表外胚层在菱脑的诱导下增厚,继之向下方间充质内陷,最后与体表外胚层分离,形成听泡。

继之:

3. 听泡初为梨形,以后向背腹方向延伸增大,分化为前庭囊、耳蜗囊和内淋巴管。

初:

4. 听泡及其周围的间充质演变为内耳膜迷路。

其:

5. 内耳膜迷路完全被套在骨迷路内,两者间仅隔以狭窄的外淋巴间隙。

两者: 隔以:

6. 鼓室周围的间充质分化成三块听小骨,听小骨渐突入鼓室内。

突入:

7. 妊娠后期身处强噪音环境会对胎儿的听力造成伤害。

身处:

(四) 根据下面词语画出对应的形状

弯曲管道   囊状   漏斗状   结节状   栓

半规(形)   蜗(形)   菱(形)   梨形

(五) 根据课文内容标出下列位置对应的术语名称

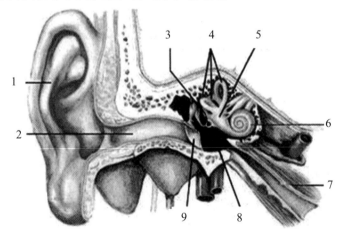

（六）根据课文内容完成下列表格

演变或分化前的物质	演变或分化后成为的物质
菱脑两侧的体表外胚层	
听泡	
前庭囊	
耳蜗囊	
听泡及其周围的间充质	
内耳膜迷路周围的间充质	
软骨囊	
第1咽囊远侧盲端	
第1咽囊近端	
鼓室内胚层	
第1鳃沟底的外胚层	
鼓室周围的间充质	
第1鳃沟	
第1鳃沟周围的间充质	
耳丘围绕外耳道口合并	

（七）根据课文内容回答问题

1. 分别说明什么是内耳迷路、内耳膜迷路和骨迷路。
2. 导致先天性耳聋的主要因素有哪些？

（八）课堂活动

1. 互相说说听泡的形成和演变。
2. 互相说说外耳道的发生。

附录

部分练习参考答案

第一课

(四) 1. 躯干 2. 矢状面;冠状面 3. 肘;腕 4. 膝;踝

第二课

(二) 1. 或者 2. 可以 3. 所以;仍然 4. 比较 5. 随着

(四) 1. 不等 2. 衬贴 3. 覆盖 4. 数层 5. 规则
　 6. 中央 7. 嵌合

第三课

(四) 按照　身体里面　没有　里面含有　形状　形状

(六) 1. 前面两个,指颅骨和躯干骨 2. 在;之间
　 3. 它,指骨细胞胞体 4. 地方 5. 就

第四课

(四) 1. 之间;互相 2. 比较 3. 并且 4. (的)时候

(五) 都　这　到　从　慢　有点儿　不一样　非常　和　一点儿

附录　部分练习参考答案

第五课

（四）1.(1)树突　(2)轴突　(3)棘突　(4)轴丘
2.(1)多极神经元　(2)双极神经元　(3)假单极神经元
3.(1)灰质　(2)白质
4.突触　5.髓鞘

（五）1.也　2.都　3.到　4.离/距离　5.扩大了很多　6.从
7.只；几

（六）1.中枢神经系统　2.轴突　3.树突；胞体；轴突　4.灰质
5.突触　6.轴突终末；胞体

第六课

（六）盲部　紧张　后房　降低

第七课

（二）1.抗原呈递细胞　2.异体细胞　3.胸腺依赖淋巴细胞
4.骨髓依赖淋巴细胞　5.辅助性T细胞　6.抑制性T细胞
7.细胞毒性T细胞　8.体液免疫应答　9.细胞免疫应答
10.组织相容性抗原

（三）1.比；比较；含有　2.几星期；没有
3.和；都；所以；程度非常高　4.和；全部；所以

（六）1.抗原呈递细胞　2.胸腺依赖淋巴细胞
3.辅助性T细胞；抑制性T细胞；细胞毒性T细胞
4.特异性抗原受体　5.体液免疫应答；细胞免疫应答
6.细胞免疫应答；异抗原；效应性T_c细胞；靶细胞

149

第八课

(二) 1. 肛门;咽;胃;大肠 2. 食管;小肠 3. 幽门 4. 空肠;回肠
　　5. 吸收;排泄 6. 盲肠 7. 黏膜;肌层 8. 固有层

(六) 1. 在;是 2. 按照/根据;可以 3. 根据;不同 4. 从;都
　　5. 是;它,指黏膜肌层

第九课

(二) 1. 被膜 2. 肾小盏;肾乳头 3. 髓放线 4. 皮质迷路
　　5. 肾小叶 6. 肾叶 7. 肾柱 8. 血管极;尿极
　　9. 肾单位 10. 髓袢

(三) 1. 经过;这里,指肾门 2. 用 3. 和;它,指髓放线
　　4. 或者;叫作 5. 比;所以;比

第十课

(二) 1. 它,指睾丸 2. 缺少/没有 3. 从 4. 几;成
　　5. 经过的时间 6. 就 7. 位置;靠近
　　8. 形状;像;从正面看;从侧面看

(五) 1. 很小或阙如
　　2. 精原细胞;形成精子
　　3. 干细胞;A型精原细胞;B型精原细胞
　　4. 历时较长;初级精母细胞
　　5. 存在时间;生精小管切面
　　6. 单倍;不再;蝌蚪;精子形成
　　7. 正面观;侧面观 8. 顶体酶;放射冠;透明带

(六) 1. √ 2. × 3. √ 4. × 5. √ 6. × 7. × 8. ×

附录　部分练习参考答案

第十一课

(二) 1. A　2. C　3. A　4. B　5. B

(三) 1. 周期　2. 长期;前期　3. 中期　4. 早期　5. 时期　6. 随着
7. 随即

(四) 1. 卵泡;闭锁卵泡　2. 卵母细胞;卵泡细胞　3. 初级卵母细胞
4. 初级卵泡　5. 次级卵泡　6. 卵泡腔　7. 成熟卵泡
8. 次级卵母细胞

第十二课

(二) 1. 这(个),指受精卵由输卵管向子宫运行(的过程)
2. 中间不是实心的　3. 在;开始
4. 它,指滋养层　5. 都　6. 位置在　7. 周围的边缘;连接
8. 接着　9. 有点儿;是　10. 就

(七) 1. ×　2. √　3. ×　4. √　5. √　6. ×　7. √　8. ×　9. ×　10. ×

第十三课

(二) 1. 胚体　2. 额鼻隆起　3. 鳃弓　4. 上颌隆起;下颌隆起
5. 鼻板　6. 鼻窝　7. 内侧鼻隆起;外侧鼻隆起　8. 鼻孔
9. 原始口腔　10. 腹外侧

(四) 1. 很
2. 它,指第一鳃弓;这时,指左、右下颌隆起在胚腹侧中线愈合后
3. 它,指鼻窝
4. 在……之后;这,指左右上颌隆起向中线生长的时候;也;互相
5. 和　6. 它,指额鼻隆起　7. 开始　8. 开始;相互的距离
9. 原来　10. 初步具有人的样子

第十四课

(二) 1. 它,指尿生殖嵴   2. 它,指前肾小管
　　 3. 它,指中肾小管;两个,指肾小囊和肾小球
　　 4. 都;来自/从……来   5. 仍然;就   6. 它,指后肾;在

(五) 1. 间介中胚层   2. 生肾索   3. 尿生殖嵴   4. 中肾嵴;生殖腺嵴
　　 5. 前肾小管   6. 前肾管   7. 中肾管   8. 生后肾原基
　　 9. 羊水   10. 泄殖腔

(六) 1. A,C   2. B,C   3. B   4. A,C

第十五课

(二) 1. 生心区   2. 生心板   3. 心管   4. 围心腔;心管   5. 心管
　　 6. 心背系膜   7. 脐静脉;静脉窦   8. 原始横隔   9. 窦房孔
　　 10. 原始右心室

(三) 1. 这个地方,指生心区   2. 转到   3. 这样   4. 于是/就
　　 5. 它,指心管   6. 这是   7. 移到;有点儿
　　 8. 到这个时候;初步具有

(七) 1. ×   2. √   3. √   4. √   5. √   6. ×   7. √   8. ×   9. √   10. √

第十六课

(二) 1. 室间隔缺损;动脉干分隔异常   2. 卵圆孔未闭
　　 3. 房间隔缺损   4. 室间隔膜性缺损;室间隔肌性缺损
　　 5. 心内膜垫;球嵴   6. 肌性隔;单发性
　　 7. 主动脉;左心室   8. 动脉导管开放;肺循环

(三) 1. 不完全;它,指心内膜垫   2. 太多
　　 3. 指室间隔膜性缺损;指室间隔肌性缺损
　　 4. 所引起(的)   5. 不一样大

第十七课

(二) 1. 前庭;耳蜗 2. 鼓室;鼻咽部 3. 耳廓 4. 背侧;腹侧
    5. 骨迷路;外淋巴 6. 结节状 7. 先天性耳聋
    8. 遗传因素;致畸因素

(三) 1. 所以 2. 接着 3. 开始 4. 它,指听泡
    5. 两个,指内耳膜迷路和骨迷路;用……隔开
    6. 突出并进入 7. 身体处于

生词总表

	A	
A 型精原细胞	A xíng jīngyuán xìbāo	10
矮柱状	ǎizhùzhuàng	2

	B	
B 型精原细胞	B xíng jīngyuán xìbāo	10
靶细胞	bǎxìbāo	7
白膜	báimó	11
白内障	báinèizhàng	6
白质	báizhì	5
板层状	bǎncéngzhuàng	3
半规管	bànguīguǎn	17
半月形	bànyuèxíng	11
伴随	bànsuí	13
伴有	bànyǒu	16
瓣膜	bànmó	4
包括	bāokuò	3
包埋	bāomái	3
包绕	bāorào	17
薄层	báocéng	11
杯状	bēizhuàng	2
杯状细胞	bēizhuàng xìbāo	2
背	bèi	1
背腹方向	bèi fù fāngxiàng	13
背外侧	bèiwàicè	14
背主动脉	bèi zhǔdòngmài	14
被	bèi	5
被覆上皮	bèifù shàngpí	2
被膜	bèimó	9
贲门	bēnmén	8
鼻板	bíbǎn	13
鼻尖	bíjiān	13
鼻孔	bíkǒng	13
鼻梁	bíliáng	13
鼻窝	bíwō	13
鼻翼	bíyì	13
彼此	bǐcǐ	13
闭锁	bìsuǒ	11
闭锁卵泡	bìsuǒ luǎnpào	11
边缘	biānyuán	2
扁(形)	biǎn(xíng)	2
变移上皮	biànyí shàngpí	2
遍布	biànbù	4

标本	biāoběn	5
标志	biāozhì	7
表层	biǎocéng	2
表面	biǎomiàn	2
表明	biǎomíng	17
髌骨	bìngǔ	3
并列	bìngliè	15
病毒	bìngdú	7
波浪状	bōlàngzhuàng	2
玻璃膜	bōlímó	6
玻璃体	bōlitǐ	6
不等	bùděng	2
不规则形	bùguīzéxíng	2
部位	bùwèi	1

C

残渣	cánzhā	8
蚕豆	cándòu	9
侧	cè	1
侧卧	cèwò	1
侧褶	cèzhě	14
层数	céng shù	2
差异	chāyì	8
长期	chángqī	11
长圆形	chángyuánxíng	2
肠腺	chángxiàn	8
常见	chángjiàn	5
场所	chǎngsuǒ	8
衬贴	chèntiē	2
成骨	chénggǔ	3

成骨细胞	chénggǔ xìbāo	3
成熟分裂	chéngshú fēnliè	10
成熟卵泡	chéngshú luǎnpào	11
成体	chéngtǐ	14
成纤维细胞	chéngxiānwéi xìbāo	4
呈递	chéngdì	7
持续	chíxù	14
尺侧	chǐcè	1
耻骨	chǐgǔ	3
充尿	chōngniào	2
充填	chōngtián	12
充盈	chōngyíng	6
冲动	chōngdòng	5
重	chóng	9
初	chū	13,14
初级精母细胞	chūjí jīngmǔ xìbāo	10
初级卵母细胞	chūjí luǎnmǔ xìbāo	11
初级卵泡	chūjí luǎnpào	11
初具人貌	chū jù rén mào	13
处于	chǔyú	10
穿孔	chuānkǒng	16
垂体	chuítǐ	10
垂直	chuízhí	1
垂直轴	chuízhízhóu	1
唇	chún	13
瓷白色	cíbáisè	6

次级精母细胞	cìjí jīngmǔ xìbāo	10
次级卵母细胞	cìjí luǎnmǔ xìbāo	11
次级卵泡	cìjí luǎnpào	11
刺激	cìjī	5
从……而来	cóng……ér lái	14
丛	cóng	8
粗	cū	4
促性腺激素	cù xìngxiàn jīsù	10
存留	cúnliú	15
存在	cúnzài	10
错位	cuòwèi	16

D

达	dá	5
大肠	dàcháng	8
大多	dàduō	17
大颗粒淋巴细胞	dàkēlì línbā xìbāo	7
大腿	dàtuǐ	1
大为	dàwéi	5
单倍体	dānbèitǐ	10
单层	dāncéng	2
单层扁平上皮	dāncéng biǎnpíng shàngpí	2
单层立方上皮	dāncéng lìfāng shàngpí	2
单层上皮	dāncéng shàngpí	2
单层柱状上皮	dāncéng zhùzhuàng shàngpí	2
单发性	dānfāxìng	16
蛋白酶	dànbáiméi	12
导出	dǎochū	6
导致	dǎozhì	6
倒置	dàozhì	2
底	dǐ	9
骶骨	dǐgǔ	3
蝶骨	diégǔ	3
顶端	dǐngduān	2
顶骨	dǐnggǔ	3
顶浆分泌	dǐngjiāng fēnmì	3
顶体	dǐngtǐ	10
动脉	dòngmài	4
动脉导管	dòngmài dǎoguǎn	16
动脉导管未闭	dòngmài dǎoguǎn wèi bì	16
动脉干	dòngmàigàn	15
动脉干分隔异常	dòngmàigàn fēngé yìcháng	16
动脉硬化	dòngmài yìnghuà	4
窦	dòu	15
窦房孔	dòufángkǒng	15
毒性	dúxìng	7
短暂	duǎnzàn	14
短者	duǎnzhě	5
钝	dùn	9
多边形	duōbiānxíng	2
多发性	duōfāxìng	16
多极神经元	duōjí shénjīngyuán	5
多角形	duōjiǎoxíng	2

多种多样	duōzhǒng-duōyàng	5

E

额	é	13
额鼻隆起	é bí lóngqǐ	13
额骨	égǔ	3
耳廓	ěrkuò	17
耳丘	ěrqiū	17
耳蜗	ěrwō	17
耳蜗管	ěrwōguǎn	17
耳蜗囊	ěrwōnáng	17
二者	èrzhě	1

F

发出	fāchū	4
发生	fāshēng	10
发育	fāyù	10
法洛四联症	fǎluòsìliánzhèng	16
凡	fán	4
返折	fǎnzhé	9
方位	fāngwèi	1
防御	fángyù	7
房间隔	fángjiāngé	16
房间隔缺损	fángjiāngé quēsǔn	16
房室口	fángshìkǒu	4
房水	fángshuǐ	6
房中隔	fángzhōnggé	4
放射冠	fàngshèguān	10
放射状	fàngshèzhuàng	6
腓侧	féicè	1
肺动脉	fèidòngmài	16
肺动脉狭窄	fèidòngmài xiázhǎi	16
肺循环	fèixúnhuán	16
分叉	fēnchà	13
分隔	fēngé	4
分解	fēnjiě	10
分泌物	fēnmìwù	8
分支	fēnzhī	4
风疹	fēngzhěn	17
跗骨	fūgǔ	3
辐射状	fúshèzhuàng	9
俯卧	fǔwò	1
辅助	fǔzhù	7
辅助性T细胞	fǔzhùxìng T xìbāo	7
附有	fùyǒu	8
复层	fùcéng	2
复层扁平上皮	fùcéng biǎnpíng shàngpí	2
复层上皮	fùcéng shàngpí	2
复层柱状上皮	fùcéng zhùzhuàng shàngpí	2
复杂	fùzá	7
腹	fù	1
腹腔	fùqiāng	8
覆盖	fùgài	2

G

改称	gǎichēng	14
改建	gǎijiàn	3
钙化	gàihuà	3

干扰	gānrǎo	17	骨小管	gǔxiǎoguǎn	3
感光	gǎnguāng	6	骨原细胞	gǔyuán xìbāo	3
感染	gǎnrǎn	7	鼓膜	gǔmó	17
干细胞	gànxìbāo	3	鼓室	gǔshì	17
肛管	gāngguǎn	8	固定	gùdìng	15
肛门	gāngmén	8	固有层	gùyǒucéng	8
高度	gāodù	7	故	gù	2
睾丸	gāowán	10	故而	gù'ér	17
告	gào	15	关闭	guānbì	4
隔	gé	16	观	guān	10
隔以	gé yǐ	17	冠状	guānzhuàng	9
个体	gètǐ	7	冠状面	guānzhuàngmiàn	1
各	gè	7	冠状轴	guānzhuàngzhóu	1
各处	gè chù	7	管壁	guǎnbì	4
更年期	gēngniánqī	11	管道	guǎndào	2
肱骨	gōnggǔ	3	光泽	guāngzé	5
巩膜	gǒngmó	6	规	guī	17
沟	gōu	12	规定	guīdìng	1
股骨	gǔgǔ	3	规律性	guīlǜxìng	4
骨板	gǔbǎn	3	规则	guīzé	2
骨骼	gǔgé	3	腘	guó	1
骨骼肌	gǔgéjī	8	过程	guòchéng	4
骨化	gǔhuà	17	过度	guòdù	16
骨基质	gǔjīzhì	3		H	
骨迷路	gǔmílù	17	合	hé	4
骨盆	gǔpén	3	合并	hébìng	11
骨髓依赖淋巴细胞	gǔsuǐ yīlài línbā xìbāo	7	合体滋养层	hétǐ zīyǎngcéng	12
			核心	héxīn	7
骨外膜	gǔwàimó	3	核型	héxíng	10
骨陷窝	gǔxiànwō	3	颌骨	hégǔ	3

恒态	héngtài	3
横结肠	héngjiécháng	8
横切面	héngqiēmiàn	1
横行	héngxíng	14
红褐色	hónghèsè	9
虹膜	hóngmó	6
后房	hòufáng	6
后肾	hòushèn	14
厚度	hòudù	4
互	hù	4
踝	huái	1
环板状	huánbǎnzhuàng	6
缓慢	huǎnmàn	4
黄斑	huángbān	6
黄体	huángtǐ	11
灰质	huīzhì	5
回肠	huícháng	8
回流	huíliú	4
回拢	huílǒng	13
汇	huì	9
汇合	huìhé	12
汇集	huìjí	4
浑浊	húnzhuó	6
活动	huódòng	4

J

肌性	jīxìng	16
基部	jībù	5
基底端	jīdǐduān	2
基膜	jīmó	2
基质小泡	jīzhì xiǎopào	2

畸形	jīxíng	16
极度	jídù	10
棘状	jízhuàng	5
集合小管系	jíhé xiǎoguǎn xì	9
嵴状	jízhuàng	13
继	jì	13
继而	jì'ér	3
继发	jìfā	16
继发隔	jìfāgé	16
继发孔	jìfākǒng	16
继之	jìzhī	12
夹	jiā	6
颊	jiá	13
假单极神经元	jiǎ dānjí shénjīngyuán	5
假复层纤毛柱状上皮	jiǎ fùcéng xiānmáo zhùzhuàng shàngpí	2
坚硬	jiānyìng	3
间充质	jiānchōngzhì	12
间介中胚层	jiānjiè zhōngpēicéng	14
肩	jiān	1
肩胛骨	jiānjiǎgǔ	3
监护	jiānhù	7
减弱	jiǎnruò	7
减退	jiǎntuì	11
间皮	jiānpí	8
间有	jiànyǒu	4
渐	jiàn	6
渐次	jiàncì	13

渐渐	jiànjiàn	15		近端小管曲部	jìnduān xiǎoguǎn qūbù	9
将来	jiānglái	15		近端小管直部	jìnduān xiǎoguǎn zhíbù	9
浆膜	jiāngmó	8		经	jīng	9
浆细胞	jiāngxìbāo	7		晶状体	jīngzhuàngtǐ	6
僵直	jiāngzhí	17		精原细胞	jīngyuán xìbāo	10
降结肠	jiàngjiécháng	8		精子	jīngzǐ	10
交界	jiāojiè	6		精子细胞	jīngzǐ xìbāo	10
交替	jiāotì	11		颈	jǐng	1
交通	jiāotōng	15		径	jìng	1
胶样	jiāoyàng	15		胫侧	jìngcè	1
角	jiǎo	15		静脉	jìngmài	4
角膜	jiǎomó	6		静脉瓣	jìngmàibàn	4
较	jiào	7		静脉窦	jìngmàidòu	15
阶段	jiēduàn	10		居于	jūyú	11
节律性	jiélǜxìng	4		距	jù	5
结肠	jiécháng	8		锯齿缘	jùchǐyuán	6
结节状	jiéjiézhuàng	17		锯齿状	jùchǐzhuàng	2
睫状体	jiézhuàngtǐ	6		卷曲	juǎnqū	15
睫状突	jiézhuàngtū	6		卷折	juǎnzhé	13
睫状小带	jiézhuàng xiǎodài	6		绝经期	juéjīngqī	11
解剖面	jiěpōumiàn	1		均	jūn	4
解剖学	jiěpōuxué	1		均等	jūnděng	16
解剖轴	jiěpōuzhóu	1		均一	jūnyī	5
界限	jièxiàn	8		**K**		
界于……之间	jièyú....zhījiān	8		开放	kāifàng	16
借以	jièyǐ	4		开启	kāiqǐ	4
紧靠	jǐnkào	2		抗原呈递细胞	kàngyuán chéngdì xìbāo	7
紧贴	jǐntiē	10				
紧相贴连	jǐnxiāng tiēlián	12				
紧张	jǐnzhāng	6				

靠近	kàojìn	10		淋巴细胞	línbā xìbāo	7
靠拢	kàolǒng	13		淋巴组织	línbā zǔzhī	7
颗粒层	kēlìcéng	11		菱脑	língnǎo	17
蝌蚪	kēdǒu	10		流量	liúliàng	4
空肠	kōngcháng	8		流速	liúsù	4
孔道	kǒngdào	15		六角形	liùjiǎoxíng	2
口凹	kǒu'āo	13		隆起	lóngqǐ	13
口裂	kǒuliè	13		漏斗	lòudǒu	9
口腔	kǒuqiāng	13		颅	lú	13
口咽膜	kǒuyānmó	15		颅骨	lúgǔ	3
髋骨	kuāngǔ	3		滤	lǜ	9
扩大	kuòdà	5		滤液	lǜyè	9
扩伸	kuòshēn	17		孪生	luánshēng	7
扩展	kuòzhǎn	12		卵	luǎn	7
扩张	kuòzhāng	2		卵巢	luǎncháo	11
L				卵黄静脉	luǎnhuáng jìngmài	15
阑尾	lánwěi	8		卵黄囊	luǎnhuángnáng	12
肋骨	lèigǔ	3		卵裂	luǎnliè	12
类骨质	lèigǔzhì	3		卵裂球	luǎnlièqiú	12
类似	lèisì	3		卵母细胞	luǎnmǔ xìbāo	11
棱柱状	léngzhùzhuàng	2		卵泡	luǎnpào	11
梨形	líxíng	2		卵泡壁	luǎnpàobì	11
历时	lìshí	10		卵泡腔	luǎnpàoqiāng	11
立方(形)	lìfāng(xíng)	2		卵泡细胞	luǎnpào xìbāo	11
利于	lìyú	8		卵泡液	luǎnpàoyè	11
连	lián	8		卵丘	luǎnqiū	11
裂	liè	13		卵细胞	luǎnxìbāo	11
邻近	línjìn	12		卵原细胞	luǎnyuán xìbāo	11
临床	línchuáng	8		卵圆孔	luǎnyuánkǒng	11
淋巴器官	línbā qìguān	7		卵圆孔瓣	luǎnyuánkǒngbàn	16

卵圆孔未闭	luǎnyuánkǒng wèi bì	16
卵圆形	luǎnyuánxíng	10
卵子	luǎnzǐ	10
略	lüè	4

M

埋入	máirù	12
脉络膜	màiluòmó	6
盲	máng	14
盲部	mángbù	6
盲肠	mángcháng	8
盲点	mángdiǎn	6
毛细血管	máoxì xuèguǎn	4
貌	mào	13
泌尿	mìniào	4
泌尿系统	mìxiào xìtǒng	14
密集	mìjí	15
免疫	miǎnyì	7
免疫应答	miǎnyì yìngdá	7
描述	miáoshù	1
敏感	mǐngǎn	6
名	míng	5
膜性	móxìng	16

N

内侧鼻隆起	nèicè bí lóngqǐ	13
内耳	nèi'ěr	17
内耳迷路	nèi'ěr mílù	17
内耳膜迷路	nèi'ěrmó mílù	17
内环肌	nèihuánjī	8
内淋巴管	nèilínbāguǎn	17

内胚层	nèipēicéng	12
内容物	nèiróngwù	6
内细胞群	nèixìbāoqún	12
囊	náng	9
囊管	nángguǎn	17
黏膜	niánmó	8
黏液	niányè	2
尿极	niàojí	9
尿生殖嵴	niào shēngzhíjí	14
颞骨	niègǔ	3
扭曲	niǔqū	15
女性	nǚxìng	11

P

排斥	páichì	7
排卵	páiluǎn	11
排泌	páimì	9
排尿	páiniào	2
排泄	páixiè	8
蟠曲	pánqū	9
袢	pàn	9
庞杂	pángzá	4
膀胱	pángguāng	2
胚层	pēicéng	12
胚内体腔	pēinèi tǐqiāng	14
胚内中胚层	pēinèi zhōngpēicéng	12
胚盘	pēipán	12
胚泡	pēipào	12
胚泡腔	pēipàoqiāng	12
胚胎	pēitāi	11

胚体	pēitǐ	13
胚外体腔	pēiwài tǐqiāng	12
胚外中胚层	pēiwài zhōngpēicéng	12
盆部	pénbù	14
膨大	péngdà	8
皮质	pízhì	5,9
皮质迷路	pízhì mílù	9
偏	piān	15
偏移	piānyí	16
平	píng	2
平滑肌	pínghuájī	4
平视	píngshì	1
平坦	píngtǎn	6
破骨细胞	pògǔ xìbāo	3

Q

其余	qíyú	8
脐静脉	qíjìngmài	15
骑跨	qíkuà	16
起	qǐ	4
起初	qǐchū	13
起始	qǐshǐ	9
起源	qǐyuán	14
髂骨	qiàgǔ	3
迁移	qiānyí	12
前臂	qiánbì	1
前额	qián'é	13
前房	qiánfáng	6
前肾	qiánshèn	14
前肾管	qiánshènguǎn	14
前肾小管	qiánshèn xiǎoguǎn	14
前庭	qiántíng	17
前庭囊	qiántíngnáng	17
前缘	qiányuán	15
浅层	qiǎncéng	2
嵌合	qiànhé	2
腔	qiāng	1
腔面	qiāngmiàn	2
鞘	qiào	5
切面	qiēmiàn	1
侵入	qīnrù	7
青春期	qīngchūnqī	10
青光眼	qīngguāngyǎn	6
清除	qīngchú	7
球嵴	qiújí	16
球囊	qiúnáng	17
区分	qūfēn	12
曲度	qūdù	6
躯干	qūgàn	1
颧骨	quángǔ	3
缺乏	quēfá	6
缺口	quēkǒu	12
缺损	quēsǔn	16
阙如	quērú	10
群	qún	12

R

| 染色单体 | rǎnsè dāntǐ | 10 |
| 染色体 | rǎnsètǐ | 10 |

桡侧	ráocè	1	上肢	shàngzhī	1
人中	rénzhōng	13	稍	shāo	15
妊娠	rènshēn	17	射	shè	4
韧带	rèndài	17	伸	shēn	9
韧性	rènxìng	3	身处	shēnchǔ	17
仍	réng	2	深层	shēncéng	2
容积	róngjī	4	深面	shēnmiàn	12
溶骨作用	rónggǔ zuòyòng	3	神经胶质细胞	shénjīng jiāozhì xìbāo	5
溶解	róngjiě	3			
融合	rónghé	16	神经元	shénjīngyuán	5
柔软	róuruǎn	4	肾	shèn	9
如此	rúcǐ	15	肾单位	shèndānwèi	9
软骨囊	ruǎngǔnáng	17	肾门	shènmén	9
润滑	rùnhuá	2	肾乳头	shènrǔtóu	9
若	ruò	6	肾实质	shènshízhì	9
弱	ruò	3	肾小管	shènxiǎoguǎn	9
S			肾小囊	shènxiǎonáng	9
鳃弓	sāigōng	13	肾小球	shènxiǎoqiú	9
鳃沟	sāigōu	17	肾小体	shènxiǎotǐ	9
散在	sànzài	2	肾小叶	shènxiǎoyè	9
桑椹	sāngshèn	12	肾小盏	shènxiǎozhǎn	9
桑椹胚	sāngshènpēi	12	肾叶	shènyè	9
杀伤	shāshāng	7	肾盂	shènyú	14
伤害	shānghài	17	肾盏	shènzhǎn	14
上臂	shàngbì	1	肾柱	shènzhù	9
上唇	shàngchún	13	肾锥体	shènzhuītǐ	9
上颌隆起	shànghé lóngqǐ	13	甚	shèn	4
上皮	shàngpí	2	升结肠	shēngjiécháng	8
上皮组织	shàngpí zǔzhī	2	生长	shēngzhǎng	11
上消化道	shàngxiāohuàdào	8			

生后肾原基	shēnghòushèn yuánjī	14	室间隔	shìjiāngé	16
			室间隔肌部	shìjiāngé jībù	16
生精上皮	shēngjīng shàngpí	10	室间隔肌性缺损	shìjiāngé jīxìng quēsǔn	16
生精细胞	shēngjīng xìbāo	10			
生精小管	shēngjīng xiǎoguǎn	10	室间隔膜性缺损	shìjiāngé móxìng quēsǔn	16
生肾索	shēngshènsuǒ	14	室间隔缺损	shìjiāngé quēsǔn	16
生心板	shēngxīnbǎn	15	室间沟	shìjiāngōu	15
生心区	shēngxīnqū	15	室中隔	shìzhōnggé	4
生殖管道	shēngzhí guǎndào	14	是为	shìwéi	15
生殖器官	shēngzhí qìguān	11	释放	shìfàng	3
生殖系统	shēngzhí xìtǒng	14	嗜酸性	shìsuānxìng	3
生殖腺	shēngzhíxiàn	14	收纳	shōunà	4
生殖腺嵴	shēngzhíxiànjí	14	收缩	shōusuō	4
尸体	shītǐ	1	手掌	shǒuzhǎng	1
十二指肠	shí'èrzhǐcháng	8	寿命	shòumìng	7
十二指肠腺	shí'èrzhǐchángxiàn	8	受精	shòujīng	10
时期	shíqī	11	受精卵	shòujīngluǎn	12
实际	shíjì	2	受损	shòusǔn	4
实现	shíxiàn	5	舒张	shūzhāng	4
实心	shíxīn	12	输卵管	shūluǎnguǎn	12
食管	shíguǎn	8	输尿管	shūniàoguǎn	9
食管腺	shíguǎnxiàn	8	输尿管芽	shūniàoguǎnyá	14
矢状面	shǐzhuàngmiàn	1	输送	shūsòng	4
矢状轴	shǐzhuàngzhóu	1	属支	shǔzhī	4
视部	shìbù	6	术语	shùyǔ	1
视力	shìlì	6	树突	shùtū	5
视盘	shìpán	6	树突棘	shùtūjí	5
视神经乳头	shìshénjīng rǔtóu	6	数层	shù céng	2
视网膜	shìwǎngmó	6	数种	shù zhǒng	3

栓	shuān	17	体液	tǐyè	7
双极神经元	shuāngjí shénjīngyuán	5	体液免疫应答	tǐyè miǎnyì yìngdá	7
水解酶	shuǐjiěméi	10	填充	tiánchōng	6
水平线	shuǐpíngxiàn	1	贴近	tiējìn	3
四肢	sìzhī	1	听泡	tīngpào	17
似	sì	9	听小骨	tīngxiǎogǔ	17
松弛	sōngchí	6	停止	tíngzhǐ	11
松散	sōngsǎn	12	停滞	tíngzhì	11
随	suí	2	通常	tōngcháng	5
随即	suíjí	11	通入	tōngrù	14
随着	suízhe	11	通信	tōngxìn	5
髓放线	suǐfàngxiàn	9	瞳孔	tóngkǒng	6
髓袢	suǐpàn	9	头颅	tóulú	3
髓鞘	suǐqiào	5	头褶	tóuzhě	15
髓质	suǐzhì	9	透明带	tòumíngdài	10
遂	suì	15	突触	tūchù	5
梭形	suōxíng	2	突起	tūqǐ	3
索状	suǒ	5	突入	tūrù	9
锁骨	suǒgǔ	3	推动	tuīdòng	4
	T		退变	tuìbiàn	11
胎儿	tāi'ér	14	退化	tuìhuà	14
胎儿期	tāi'érqī	14	臀	tún	1
套	tào	17	椭圆囊	tuǒyuánnáng	17
特化	tèhuà	5	椭圆形	tuǒyuánxíng	2
特异性抗原受体	tèyìxìng kàngyuán shòutǐ	7		**W**	
体表	tǐbiǎo	17	外表	wàibiǎo	5
体节	tǐjié	14	外侧鼻隆起	wàicè bí lóngqǐ	13
体循环	tǐxúnhuán	16	外耳	wài'ěr	13
			外耳道	wài'ěrdào	17

外耳道栓	wài'ěrdàoshuān	17	细胞索	xìbāosuǒ	14
外观	wàiguān	13	细胞滋养层	xìbāo zīyǎngcéng	12
外壳	wàiké	6	细长	xìcháng	10
外淋巴	wàilínbā	17	细段	xìduàn	9
外胚层	wàipēicéng	12	细丝状	xìsīzhuàng	6
外围	wàiwéi	5	细窄	xìzhǎi	17
外周	wàizhōu	10	下垂	xiàchuí	1
外纵肌	wàizòngjī	8	下唇	xiàchún	13
弯曲	wānqū	10	下方	xiàfāng	11
完全	wánquán	15	下颌隆起	xiàhé lóngqǐ	13
腕	wàn	1	下陷	xiàxiàn	8
微米	wēimǐ	5	下消化道	xiàxiāohuàdào	8
微生物	wēishēngwù	7	下肢	xiàzhī	1
围心腔	wéixīnqiāng	15	先天性	xiāntiānxìng	16
位	wèi	10	先天性耳聋	xiāntiānxìng ěrlóng	17
位居	wèijū	12	纤毛	xiānmáo	6
位置	wèizhì	10	纤维膜	xiānwéimó	6
胃	wèi	8	腺体	xiàntǐ	8
胃腺	wèixiàn	8	相继	xiāngjì	14
胃液	wèiyè	8	相接	xiāngjiē	8
谓	wèi	9	相距	xiāngjù	13
蜗（形）	wō(xíng)	17	相容性	xiāngróngxìng	7

X

吸收	xīshōu	8	向	xiàng	4
膝	xī	1	消化管	xiāohuàguǎn	8
细胞毒性T细胞	xìbāo dúxìng T xìbāo	7	小肠	xiǎocháng	8
			小腿	xiǎotuǐ	1
细胞间质	xìbāo jiānzhì	3	小叶	xiǎoyè	10
			效应	xiàoyìng	7
细胞免疫应答	xìbāo miǎnyì yìngdá	7	效应性 T_c 细胞	xiàoyìngxìng T_c xìbāo	7

泄殖腔	xièzhíqiāng	14
心包横窦	xīnbāo héngdòu	15
心包腔	xīnbāoqiāng	15
心背系膜	xīnbèi xìmó	15
心动脉球	xīndòngmàiqiú	15
心房	xīnfáng	4
心管	xīnguǎn	15
心肌	xīnjī	4
心肌膜	xīnjīmó	15
心肌外套层	xīnjī wàitàocéng	15
心胶质	xīnjiāozhì	15
心内膜	xīnnèimó	15
心内膜垫	xīnnèimódiàn	16
心球	xīnqiú	15
心室	xīnshì	4
心外膜	xīnwàimó	15
心脏	xīnzàng	4
行程	xíngchéng	4
形成	xíngchéng	3
形态	xíngtài	5
型	xíng	10
性激素	xìngjīsù	11
胸	xiōng	1
胸腺依赖淋巴细胞	xiōngxiàn yīlài línbā xìbāo	7
修复	xiūfù	4
续	xù	8
续连	xùlián	12
悬	xuán	15
血管极	xuèguǎnjí	9

血管膜	xuèguǎnmó	6
血管球	xuèguǎnqiú	9
循环	xúnhuán	4
迅速	xùnsù	12

Y

压力	yālì	4
亚群	yàqún	7
咽	yān	8
咽鼓管	yāngǔguǎn	17
咽囊	yānnáng	17
延伸	yánshēn	12
沿	yán	1
颜面	yánmiàn	13
眼眶	yǎnkuàng	6
眼球	yǎnqiú	6
眼球壁	yǎnqiúbì	6
眼压	yǎnyā	6
演变	yǎnbiàn	14
演化	yǎnhuà	13
羊膜	yángmó	12
羊膜腔	yángmóqiāng	12
羊水	yángshuǐ	14
仰卧	yǎngwò	1
腰	yāo	1
一般而言	yìbān ér yán	17
一切	yíqiè	1
一系列	yíxìliè	11
依……而异	yī ...ér yì	8
依次	yīcì	1
移行	yíxíng	4

移植	yízhí	7
乙状结肠	yǐzhuàng jiécháng	8
以致	yǐzhì	15
亦	yì	13
异常	yìcháng	16
异抗原	yìkàngyuán	7
异体	yìtǐ	7
抑制	yìzhì	7
抑制性T细胞	yìzhìxìng T xìbāo	7
易于	yìyú	9
意义	yìyì	14
因……而异	yīn……ér yì	4
因而	yīn'ér	7
因素	yīnsù	17
因子	yīnzǐ	7
永久	yǒngjiǔ	14
幽门	yōumén	8
由于……所致	yóuyú…suǒzhì	16
有腔器官	yǒuqiāng qìguān	1
有效	yǒuxiào	3
右心室肥大	yòuxīnshì féidà	16
诱导	yòudǎo	17
于	yú	2
于是	yúshì	14
愈合	yùhé	13
原	yuán	9
原凹	yuán'āo	12
原本	yuánběn	13

原发	yuánfā	16
原发隔	yuánfāgé	16
原沟	yuángōu	12
原基	yuánjī	12
原结	yuánjié	12
原尿	yuánniào	9
原始鼻腔	yuánshǐ bíqiāng	13
原始横隔	yuánshǐ hénggé	15
原始口腔	yuánshǐ kǒuqiāng	13
原始卵泡	yuánshǐ luǎnpào	11
原始右心室	yuánshǐ yòu xīnzhì	15
原始左心室	yuánshǐ zuǒ xīnshì	15
原条	yuántiáo	12
圆盘状	yuánpánzhuàng	12
圆形	yuánxíng	2
圆锥形	yuánzhuīxíng	5
缘故	yuángù	16
源于	yuányú	14
远端小管曲部	yuǎnduān xiǎoguǎn qūbù	9
远端小管直部	yuǎnduān xiǎoguǎn zhíbù	9
约	yuē	7
月经	yuèjīng	11
运送	yùnsòng	4
运行	yùnxíng	8

Z

早期	zǎoqī	11
噪音	zàoyīn	17
增强	zēngqiáng	3

169

增生	zēngshēng	4	中肾小管	zhōngshèn xiǎoguǎn	14
增殖	zēngzhí	7	中枢神经系统	zhōngshū shénjīng xìtǒng	5
盏	zhǎn	9			
遮盖	zhēgài	16			
褶	zhě	14	中枢突	zhōngshūtū	5
枕骨	zhěngǔ	3	中央	zhōngyāng	2
正中	zhèngzhōng	1	终末	zhōngmò	5
正中线	zhèngzhōngxiàn	12	终止	zhōngzhǐ	6
支持细胞	zhīchí xìbāo	10	肿瘤	zhǒngliú	7
直肠	zhícháng	8	周期	zhōuqī	11
直角	zhíjiǎo	5	周围神经系统	zhōuwéi shénjīng xìtǒng	5
直立	zhílì	1			
直行	zhíxíng	9	周围突	zhōuwéitū	5
直至	zhízhì	11	周缘	zhōuyuán	12
植入	zhírù	12	轴丘	zhóuqiū	5
跖骨	zhígǔ	3	轴突	zhóutū	5
趾骨	zhǐgǔ	3	肘	zhǒu	1
至	zhì	4	皱襞	zhòubì	4
至此	zhìcǐ	15	骤然	zhòurán	9
质地	zhìdì	6	主动脉骑跨	zhǔdòngmài qíkuà	16
致畸	zhìjī	17	主肺动脉隔	zhǔfèidòngmàigé	16
致使	zhìshǐ	16	柱状	zhùzhuàng	2
中层	zhōngcéng	2	专门	zhuānmén	1
中耳	zhōng'ěr	17	转	zhuǎn	15
中空	zhōngkōng	12	转变	zhuǎnbiàn	10
中期	zhōngqī	11	椎骨	zhuīgǔ	3
中肾	zhōngshèn	14	锥体形	zhuītǐxíng	2
中肾管	zhōngshènguǎn	14	着床	zhuóchuáng	12
中肾嵴	zhōngshènjí	14	着丝粒	zhuósīlì	10
			姿势	zīshì	1

滋养层	zīyǎngcéng	12	足尖	zújiān	1
子宫	zǐgōng	12	组织	zǔzhī	2
子宫内膜	zǐgōng nèimó	12	组织相容性抗原	zǔzhī xiāngróngxìng kàngyuán	7
总主静脉	zǒngzhǔjìngmài	15			
纵行	zòngxíng	14	作为	zuòwéi	10
足	zú	1			
足底	zúdǐ	1			